周锦懿 著

农村社会工作

发展战略与途径

黑龙江科学技术出版社

图书在版编目（CIP）数据

农村社会工作发展战略与途径 / 周锦懿著 . -- 哈尔滨 : 黑龙江科学技术出版社 , 2020.5

ISBN 978-7-5719-0584-2

Ⅰ . ①农… Ⅱ . ①周… Ⅲ . ①农村—社会工作—发展战略—研究—中国 Ⅳ . ① F323.89

中国版本图书馆 CIP 数据核字 (2020) 第 113853 号

农村社会工作发展战略与途径

作　　者	周锦懿
责任编辑	赵春雁
封面设计	王　洁
出　　版	黑龙江科学技术出版社
地　　址	哈尔滨市南岗区公安街 70-2 号　邮编：150001
电　　话	（0451）53642106　传真：（0451）53642143
网　　址	www.lkcbs.cn www.lkpub.cn
发　　行	全国新华书店
印　　刷	济南新广达图文快印有限公司
开　　本	710mm×1000mm　1/16
印　　张	9.75
字　　数	191 千字
版　　次	2021 年 1 月第 1 版
印　　次	2021 年 1 月第 1 次印刷
书　　号	ISBN 978-7-5719-0584-2
定　　价	48.00 元

前　言

　　改革开放四十多年以来，伴随经济的跨越式发展，乡村变迁也更为剧烈，农村社会由封闭型趋于开放型，城乡关系由原本相对分割的两部分走向融合，可以说，中国乡村正面临千年未有之变局。在此历程中，农村的经济条件得到改善，现代化的生活方式逐渐流入农村，无论是从乡村景观还是文化建设等方面而言，农村都跨出了历史性的一步。在乡村变迁的时代背景下，农村正面临着比城市更大的挑战，比以往更加迫切地需要社会工作承担其在农村地区的职能和责任。农村社会工作无论是作为一种在农村地区补充性的福利制度还是专业社工的实践途径，其在农村地区大力开展所带来的意义在各方面都是不可估量的。

　　本书共分为七章，第一章主要叙述了农村社会工作的一些基本理论与知识体系，有助于读者了解农村社会工作的基本内容；第二章则介绍了目前农村社会工作发展所处的政治、经济以及文化环境；第三、四、五章则讲述了农村社会工作的具体内容、实施细节以及在社会工作发展中的管理措施；第六章主要对农村社区化的建设、管理做出了详细的讲解；第七章则针对农村社会工作人才的发展和建设作出了详细阐述；最后一章则重点讲解了有助于农村社会工作发展的几项战略性研究。

　　笔者在本书撰写的过程中查阅了大量的文献资料，在此对相关的文献作者表示感谢。另外，由于笔者时间和精力有限，书中难免会有不妥之处，敬请广大读者和各位同行予以批评雅正。

作者简介

周锦懿，女，汉族，籍贯黑龙江省佳木斯市，现就读于黑龙江大学政府管理学院社会学系社会工作专业，主要研究领域为农村社会工作、社会政策。参与市、校多项农村调研项目，长期在黑龙江省各地农村地区开展专业社会工作服务和研究工作。

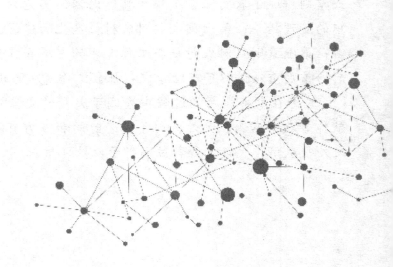

目 录

第一章 绪论

第一节 农村社会工作的基本知识

一、农村社会工作的概念

农村社会工作是相对于城市社会工作提出的，是专业的社会工作者通过专业价值观和方法，以农村社区为基础，遵守社会公正、社会道德和真诚信任的伦理价值，应对农村实际问题，通过帮助建立农村合作组织，使村民团结互助，以共同应对社会转型中带来的问题和压力。同时，通过社会工作者的介入，使村民获得所需的知识，提高村民应对和解决社会问题的能力。

二、农村社会工作的目标

农村社会工作的目标是促进农村社会全面发展、推动农村经济和社会协调发展、强化农村社会保障、围绕农村公共设施和社会事业发展的薄弱环节大力开展工作。农民就业、创业服务、发展农村文教、卫生事业等，这些都属于政府的基本公共服务，需要农村社会工作的积极介入，推动这些社会事业更加贴近农民实际需求，使农村公共设施及公共资源得到优化配置和高效利用，促进农村社会事业协调发展。

从当前农村实际情况看，土地的征收和管理、外来投资的工业开发项目，农村生态环境保护、集体资产管理和改革、移民安置等经济发展重要环节，以及村民自治实施过程，在"民主选举、民主管理、民主决策、民主监督"等环节都存在或多或少的侵害农民权益的问题，这些问题处理不好都会引发社会矛盾和冲突。农村社会工作要在了解农村现状、掌握农民需求的基础上，运用专业理论和方法来沟通、协调、化解各种问题和矛盾，促进农村社区和谐、可持续发展，探索有效管理模式和发展机制，充分发挥农村社会工作的作用。

三、农村社会工作的特点

第一，面对服务对象，在援助过程中保持始终一致的努力。农村社会工作服务对象数量庞大，他们的农民身份并没有改变，城市农民工也是农村社会工作关注的对象，庞大的农民及城市农民工队伍，均是农村社会工作的服务焦点。

第二，农村社会工作者需要具备强硬的综合素质，能够很好地应对各种差异性和复杂性的农村社会环境。为了有效地发挥社会工作者的能力，需要其具有广博的知识和实践能力，以改善个人及农村社区的状况。

第三，在工作范围上，农村社会工作是以农村社区为依托，运用社会工作的理念、方法、技巧来解决社区发展中存在的结构性或非结构性问题，以促进社区生态系统的有序运行。一是以"地域发展"的模式适应中国社区建设理念，号召社区民众组织起来，团结起来，共同应对市场化和现代化的压力，满足社会发展和社会稳定的需求；二是社会工作在政策的倡导和发动下，以社区为依托，用小组支持和个案访谈方法，对社区民众提供实质性帮助，并动员当地民众广泛参与，有利于社会工作目标的实现。

第四，在工作方法上，农村社会工作作为社会工作的分支学科，应遵循个案工作、小组工作、社区工作三大方法。但由于农村社会工作服务对象的特殊性、农村社区的差异性，在开展具体实务时，要注意各种方法的整合，要遵循社会工作的价值理念，即以社会工作的价值理念指导农村社会工作。

第五，农村社会工作实务是鼓励服务对象运用各种社会支持网络建立自助组织。不少发展中国家和地区不断实践，创造了异于西方的社会工作模式。在许多国际发展援助项目中，农村社会工作者更强调参与式发展、能力建设、赋权增能、文化保护、生态保护和性别平等理念。

四、农村社会工作与相关领域的关系

农村社会工作作为一门专业、系统的学科，与农村社会福利、农村社会保障、农村社会救助及农村社会服务等概念和学科有着密切的关系。在开展农村社会工作的过程中，要把握好它们之间的区别和联系。

（一）农村社会学与政治经济学

政治经济学主要研究生产方式和分配方式，对于农村社会工作者在农村社区推动集体互助精神、参与社区发展等都具有十分重要的意义。尤其是新政治经济学研究对于农村社会工作实务开展具有很大的指导作用。了解我国经济社会变迁的历史和特点，有助于农村社会工作者更好地把握农村社会变迁给农村社区和社会发展带来的影响，如农村社会传统文化向现代文化转型的过程，思考如何推动农村社区和社会发展，是农村社会工作的核心目标。

（二）农村社会工作与社会工作

农村社会工作属于社会工作的一个应用和实际服务领域。农村社会工作是在社会工作专业的本质和基础上建构起来的，运用农村社会学的理论和社会工作的理论、方法服务于农村领域的专业。农村社会工作主要涉及以下四个领域：一是在农村社会工作实务中，要摆正农村社区居民的主体地位；二是农村社会工作的实务知识是在与农村社区居民的共同行动中产生的；三是农村社会工作实践要致力于推动社会公平与正义；四是农村社会工作要重视行动研究、参与式农村发展理念的研究和运用。

（三）农村社会工作与农村社会福利

社会工作兴起于社会福利，农村社会工作起源于农村社会福利的发展。农村社会福利和农村社会工作有着本质的区别，农村社会工作是具体地、直接地提供社会援助。农村社会福利包括一个国家针对农村的福利政策和其所持的理念，主要是一种制度、政策的理念。农村社会福利作为一种制度存在，主要是一种政府行为，而农村社会工作是农村社会工作者和受助者之间的协作，包括政府行为和民间行为。农村社会福利和农村社会工作又有着密切的联系，农村社会福利需要通过具体的社会服务活动才能实现，社会服务程序需要依据农村社会工作的知识、理论、方法、技巧才能实现并可持续完成。所以，从政府的社会服务层面来看，农村社会工作者是农村社会福利政策的执行者。

（四）农村社会工作与农村社会保障

农村社会工作与农村社会保障都是对农村社会中处于困难境遇的人们提供帮助。农村社会工作是提供具体的、直接的社会援助，农村社会工作将农村社会保障政策转化为现实的服务，使之成为农村社区居民所共享的成果；农村社会保障属于提高收入、技术或物质上的帮助，农村社会工作不仅动员社会资源，提供物质上的帮助，更注重服务对象的能力提升，助人自助是社会工作的宗旨和目标，农村社会工作与农村社会保障有着密不可分的关系。我国农村社会保障主要由民政部门来完成，按照国家法律的规定，向农村社会或农民中的残疾人、遭遇自然灾害、贫困人口和家庭、孤老人群等提供物质帮助，以保证其基本生活需要。农村社会工作通过专业助人活动、志愿服务、开展项目等形式实现以上目标和任务。

（五）农村社会工作与农村社会救助

农村社会工作是从农村社会救助发展而来的，一方面，农村社会救助需要专业社会工作的介入。在社会救助的过程中，单一的"输血"式的物质援助不能从根本上解决贫困农民所遇到的问题，因病致贫、因灾返贫等现象层出不穷。贫困人口在社会资源、社会网络等方面的问题亟须解决，专业的社会工作介入，可以通过增强理论、优化视角等专业层面更好地分析贫困的原因及介入的方法。另一方面，农村社会工作把农村作为介入农村社会问题的重要内容，农村社会工作的开展是从社会救助开始的，通过社会救助获得村民的信任和介入的平台。

（六）农村社会工作与农村社会服务

农村社会服务的对象是全体社会成员，农村社会工作的对象一般是特定的社会成员；农村社会服务涉及全面的服务，农村社会工作一般是指福利服务。社会工作注重工作程序，通过服务模式实现社会福利目标，这种服务模式是依据社会工作专业的知识理论、价值伦理、方法技术等制定的，以确保社会服务达到预期目标。

五、农村社会工作的特殊性

窗体顶端

农村社会工作必须以农村社区为基础，依据农村社区的特殊历史环境、文化传统、社区结构等，掌握农民的思维及行动方式，并在此基础上与社会工作的专业理念相结合，制订出一套因地制宜的方法与技术。以特定的农村社区为基础是农村社会工作的首要特征，农村社会主要靠地方的风俗习惯、村规民约、舆论道德等非制度因素作为社会控制机制。

（一）工作地域的特殊性

农村社会工作者在农村社区努力建构与政府和农民的合作伙伴关系。在农村社会政策的制定、执行与完善过程中发挥着重要作用。建立社区居民与政府之间的对话和合作关系，维护农村社会稳定，建立社区发展所需的物质和人文环境，目的是以民众力量增强社区居民之间的团结互助，形成社区共识，倡导民众参与社区公共事务的管理与决策。通过有效的社区行动，有利于提高社区居民对农村社区的认同感，并号召社区民众组织团结起来，共同应对市场化和现代化的压力，满足社会发展和稳定的需求；有利于倡导社会福利服务的集体主义精神，兼顾效率与公平，推崇社区层面和组织内部的互助精神，重视家庭和社区、社会的支持网络作用。以社区为依托，用个案访谈和小组支持的方法，对社区骨干提供实质性、专业性的帮助，动员当地民众广泛参与，有利于农村社会工作目标的实现。

窗体顶端

总而言之，开展农村社会工作必须与村民同行，发掘村民的潜力和能力。以社区为基础的农村社会工作突破传统的"以方法为本"和"以社会工作者为本"的局限性，强调"以人为本、以社区为本"，突出社会工作的政策性、社会性和道德性。农村社会工作强调农民的现实需求，将宏观社会工作与微观社会工作区别开，这样才能使农村社会工作持续有效地发展。

（二）工作方法的灵活性

农村社会工作的复杂性决定了农村社会工作者需要具备丰富的社会工作专业

知识，同时对农村社会问题是具有深厚情感的人才。在工作中，要有辨别问题、整合资源、教育培训等发现问题和解决问题的能力。在农村社会工作实务层面，社会工作者应当运用系统论方法，重点考察服务对象与周围环境的互动，根据具体问题情境采取相应的服务方案和干预手段。这就给农村社会工作者提出了更高的要求，他们必须具备广泛的专业知识和开阔的视野，同时具有较强的实务能力和技巧，这样才能够提出合理的服务方案，满足服务对象的特点和需求。由于农村社会工作服务对象的特殊性、农村社区发展的不均衡，在开展具体的服务时，不是简单地将城市社会工作的理论、技巧、方法移植到农村社会工作中，而是要具体问题具体分析，要注意各种方法的整合和灵活运用。在方法论层次，遵循社会工作的价值观和思维逻辑，避免价值冲突；在实务操作层面，要注意方法的适当性，尊重农民的个人意愿，不得强加于人，要充分体现"服务对象自决"和"助人自助"的思想；在需求评估和早期介入过程中，要学习借鉴农村发展学的理念和方法，通过口述历史、参与式观察、深度访谈、焦点小组、社区戏剧等方法的综合运用，更好地解决实际问题。

（三）农村社会工作地区的不平衡性

我国地域辽阔，在农村发展过程中存在着明显的地域不平衡性。除了东部地区到西部地区的经济发展程度差异，还存在明显的城乡差别。东部沿海地区农村发展速度快，中西部地区农村发展明显滞后。这种发展的不平衡性决定了我国农村社会工作，无论是在社区界定上，还是在理论、工作方法及组织结构上都有明显不同。

第二节　农村社会工作的历史与发展

想要了解农村社会工作的历史与发展，首先在了解工业革命前后国外农村社会工作发展的基础上，介绍当代国外农村社会工作的发展现状；随后通过阐述中国农村从古代的赈灾养老善举到民国时期的农村社会工作以及当前农村社会工作的发展历史，呈现了中国农村社会工作方面的智慧和遗产。

一、国外农村社会工作历史

（一）工业革命前后的国外农村社会工作

1. 工业革命前的国外农村社会工作

在工业革命前的较长时间里，人们认为贫穷是个人原因造成的，自己要对自己的困境负责。这一时期的农村社会工作发展比较突出的国家是德国。1788年的德国汉堡市实行了一种政府设立中央办事处的方法来实行救济，史称"汉堡制"。

该制度实行了 13 年，非常有成效，这主要是针对从农村涌入城市的大量人口来制定的。后来，人口增长太快，救济人员不足，没有得以持续。实践证明，随着工业革命的推进，传统的乡村家庭保障、邻里互助、普通的教徒施舍等方式再也不能满足社会对农村社会工作的需求。

总体而言，工业革命前这一时期的农村社会工作具有临时性、非专业性的特点，在解决现实的社会问题方面所起的作用十分有限。但需要肯定的是，正是在这一时期形成的一些基本理念对后来更专业和组织化的专业农村社会工作起到了重要作用。这一时期是农村社会工作的最初阶段，在这一阶段，农村社会工作者关注的主要是其所从事的实际工作，而很少对这些工作的本质、过程与方式方法等进行理论上的思考。他们大多是实干家，而不是思想家。也有一部分农村社会工作者开始意识到以经验来指导自己的实践是不妥当的，农村社会工作作为社会工作的一部分，应该是一门科学。

2. 工业革命后的国外农村社会工作

工业革命后，农村社会工作成为由国家和社会提供的服务方式，农村社会工作的出现有利于改善社会上农民的生存状态。这一时期农村社会工作发展相对较快，并从欧美延伸到第三世界国家。

19 世纪 50 年代后，工业革命迅猛发展，这时各种慈善组织如雨后竹笋般出现，征募捐款，救济农民。1869 年，在英国伦敦成立了第一个慈善组织，随后英国其他城市也出现各种慈善机构。但是农村社会工作并不是一种简单的慈善事业，它还有建设性的一面。随着社会结构的变迁，社会组织日益复杂，农村社会工作也日趋多元化和多样化，它在缩小城市乡村二元结构矛盾等方面发挥了重要作用。从 19 世纪后期开始，农村社会工作从由政府和私人社团举办的以解决农村贫困所导致的问题为目的的各种活动，到由政府和私人社团所举办的专业性活动，主要存在于发达国家。

（二）当代的国外农村社会工作

工业革命影响了整个世界经济发展的进程，在这样的背景下各国的农村社会发生了巨大的变化，传统农村开始消失，城乡一体化和城镇化的进程逐步加快。到第二次世界大战前，发达国家的传统农村已基本消失。第二次世界大战之后，发展中国家经济社会发展加速，一些后起的发达国家和地区的传统农村也逐渐消失，而大部分发展中国家和地区的这一过程正在进行。由于不同的国家国情不同，农村发展的模式也不尽相同，这就使以农村为工作领域的农村社会工作因国家不同而表现出较大的差异，其中发达国家与发展中国家之间的差异更为明显。

1．西方发达国家农村社会工作

（1）西方发达国家农村社会工作发展概况

1850 年，英国传统的农村已经基本消失，实现了城乡一体化，1910 年左右，德国传统的农村已经基本消失。城乡一体化的发展使当代西方发达国家的农村不仅从传统的农村转变为现代的农村，而且成为富有城市特色的农村。由于农村常常被看作是城市的延伸，尤其是在当代，大部分西方发达国家早已实现城市化，部分西方发达国家在 20 世纪初或者更早就已经实现了城市化，国家没有了界限分明的城市与农村，这必然会使专业的社会工作将更多的精力放在作为国家主体的城市上。农村社会工作的发展方向转向第三世界国家，西方发达国家农村社会工作并未集中在各国本身农村的研究上，而是将方向转移到了众多第三世界国家。

总的说来，西方发达国家很注重农村社会福利的发展，让农村居民享受到了与城市居民相当的社会保障，使行政性的农村社会工作得到了顺利发展。

（2）当代美国农村社会工作特色

第一，农村社会工作多采用"通才模式"。在城市，存在人口众多、同种服务的需求人群具有较大规模、居住较为集中、社会资源丰富等特点，美国的城市社会工作采取分工细致、多元的服务方式——"专才模式"。在城市的实际服务中，每个社工会根据自己的工作内容和服务人群，从个人、家庭、社区中选择一个主攻方向，做到"术业有专攻"。然而，在农村，美国社会工作服务采用的却是"通才模式"。这主要体现在对农村社会工作者能力的要求上。第二，农村社会工作的主管部门和人员队伍具有独特性。与城市社会工作的多元化服务模式相比，农村社会工作的服务模式比较单一，主要由政府开展和管理，而社会工作者均为政府雇员（但非公务员）。

2．发展中国家与地区的农村社会工作

在当代，发展中国家农村社会结构发生了很大的变化，总的趋势是朝着城市化、工业化和现代化的方向发展。从城乡人口分布情况看，发展中国家农村人口占绝大多数。1965 年发展中国家农村人口占总人口的比重为 76%，1988 年这一比例下降至 59%。1994 年印度农村人口仍占全国人口的 80%，而墨西哥这一比例为 30%，有的发展中国家这一比例甚至更低。由此可见，发展中国家城市化的进程差别很大，但总体来说，农村人口仍然是发展中国家的主体。从经济发展来看，发展中国家独立前农村经济大多落后，自然经济占绝对统治地位。独立后，尽管其农村经济得到不同程度的发展，但商品化的程度却依然较低。

二、中国农村社会工作历史

传统的中国是个农业大国，其经济基础是自给自足的小农经济，历史上缺乏专业的社会工作。但是中国的一些社会思想和实践孕育着现代农村社会工作的雏形。

（一）中国古代农村社会工作

农村社会工作虽然是一个现代名词，可是人类赈灾、养老、善举等救灾活动自古便存在着。古代中国干旱、洪涝等自然灾难频发，战乱不断，统治者为了维护自己的统治地位，采取了一系列的社会救助和社会优抚等措施。

1. 社会救助

对因自然灾难遭受损失的灾区和人民进行援助和赈灾的活动自古就受到人们的重视，赈灾是中国古代社会工作的重要内容。在灾荒之年以谷物和食品来救济灾民是古代最常见的一种社会救济方式，也是统治者基于维护自己统治地位的需要普遍采取的举措。还有一种方法是把官仓的米粟低价出卖给灾民，使得灾民能够解决饥饿问题，史书中常见的"减价粜官粟以赈"的记载就是这种方法。

古代农村社会工作中各种赈灾活动的实施，对保障农村灾民的基本生活以及维护社会稳定等方面起到了一定的作用，给现代农村社会工作的发展实践以启迪。

2. 社会敬老养老工作

中华民族素有爱老敬老的传统，古代养老通常是以家庭为基本单位，实行家庭养老。可是当家庭遇到养老困难，或者老人丧子时，政府和社会都会通过提供食品和衣物集中收养老人等途径开展养老工作。中国古代社会敬老养老举措是家庭养老的有益补充，对维护社会的稳定具有重要作用，也给现代老年社会工作以借鉴。

3. 善举

古代农村，人们之间的互助行为也很普遍，社会个体的这种救助他人的"善举"，成为现代农村社会工作实务的重要借鉴。中国古代社会是典型的农业社会，其社会机构特征是以家庭为单位，家族、亲友、邻居结为生活共同体，从而形成家族集团式结构。当有人生活困难的时候，亲友、邻居的善举帮助对人们克服困难起到重要的作用。中国古代的这些举措和行为，虽然与现代意义的农村社会工作还不能相提并论，但是涉及社会救助、社会养老等各个方面，其中的思想和实践表明中国的社会救助事业已经孕育着农村社会工作的雏形。

（二）中国当代农村社会工作

1. 改革开放前以政府为主导的农村社会工作

中华人民共和国成立以来，始终将消除贫穷作为国家建设的重要任务之一，致力于发展生产。改革开放以前，在传统的计划经济体制下，中国城市实行"高就业、低收入、低消费"的政策，城市的贫困并不突出，这一时期的贫困主要表现为农村的普遍贫困。在这样的背景下，国家针对农村开展了一系列的工作。

一是合作医疗制度。在当时的农村，很多地区都存在缺医少药的状况，针对这一情况，一些地区的农村干部群众，开始探索一种互助性质的医疗形式。

二是文化建设。中华人民共和国成立初期，政府也在农村开展了文化方面的建设工作，最典型的就是移风易俗运动。移风易俗运动的开展，使社会主义道德成为人们的基本道德规范，使新型的社会风气得以建立。在这一时期，政府主要通过一系列政治、经济和社会的制度安排来发展农村社区。在这样的背景下，农村的自治和组织能力都受到了明显的抑制，农村社会工作的发展处于被动状态。虽然政府在农村开展的这些工作中并没有体现出农村社会工作的自主自决元素，但这些符合当时时代背景的工作模式仍然在一定程度上推动了农村的发展，包括形成了一些基本的福利制度，为以后农村福利事业的发展提供了制度形式。总体说来，中华人民共和国成立初期的农村工作模式为以后农村社会工作的发展奠定了基础。

2．改革开放后农村社会工作的成长

第一，农村社会救济方针发生了变化。1998 年第八次全国民政工作会议，使农村救济的方针得到了充实、完善和提高。第二，农村社会保险开始纳入议程。随着社会经济水平的发展，我国进入了工业反哺农业、城市帮扶农村的时期，农村社会保险开始纳入议程。第三，农村社会福利事业有了较大发展。社会福利工作是社会工作的基本内容之一。农村社会工作的发展自然也少不了农村社会福利的发展，如农村敬老院逐渐增多，缓解了农村孤老的赡养问题。但是，总体来说，我国农村社会福利仍处于较低水平，表现出来的各种问题也很明显，进一步发展面临着重重困难。

改革开放以来，市场逐渐成为一个相对独立地提供资源和机会的平台，政府在农村社会发展中的角色也发生了转变，农村具有了更大的自主性。事实上，改革开放以后，政府在农村开展的上述工作不仅促进了当时农村的发展，而且也蕴涵着丰富的农村社会工作意蕴，如调动农民积极性，以互助的方式解决自身问题等。这些都与专业社会工作的助人自助理念不谋而合，这就为农村社会工作的发展提供了良好的发展机遇。

3．21 世纪农村社会工作的专业化

中国发展社会工作不能不重视农村，因为中国不仅是农业大国，也是一个农民大国。在我国迈向工业化和城市化的进程中，三农问题成为一个突出的社会问题。由于我国的特殊国情，这些问题的解决必须要靠我国自身的努力。为此，以农村问题为关注焦点，以服务农村为工作重心，以专业社会工作技巧为方法的专业农村社会工作在这样的社会环境下出现和发展是必然的。当前，农村社会工作还不是很成熟，它的发展主要是在吸收社会工作的基本元素下渐渐成长起来。以下主要从农村社会工作人才队伍建设和农村社会工作的专业特色两个方面分析其在 21 世纪的发展状况。

（1）农村社会工作人才队伍的建设

首先，社会工作人才队伍建设取得的成效壮大了农村社会工作的人才队伍；其次，农村社会工作试点工作推动了社会工作人才队伍的建设。从上述两个农村社会工作建设人才队伍的措施可以看出，21世纪的农村社会工作除了有政府部门的支持，还在不断引入社会工作的专业人才，结合农村实际探索适合自身发展的农村社会工作模式，这些农村社会工作建设试点的经验对于农村社会工作在全国范围内的开展具有重要的启发意义。

（2）农村社会工作的专业特色

农村社会工作的实践模式主要是依托社会工作的社区工作模式来开展的。在地区发展模式中，农村社会工作者扮演"使能者"或"促进者"的角色。使能者的角色是要促进和培养村民广泛参与的意识，并加强村民自助能力的建设，以解决农村社区问题。工作者的任务是协助村民表达他们的不满，促使不同利益群体之间的对话，培育良好的人际关系，争取实现人们的共同目标和利益。在社会行动模式中，社会工作者不仅仅是一个使能者的角色，还扮演倡导者、领导者的角色。倡导者的角色表现为积极鼓励居民团结，合理争取共同利益，积极向居民开展意识提升的工作，让居民明白自身处境，加强他们的社会意识。在社会策划模式下，社会工作者强调专家的角色与专家的参与。农村社会工作者担当了一个主导的角色，去为受助人提供服务以回应他们的需要和利益，他们会定期评估农村社区的需求，以使机构服务能够更切合不同服务对象的需求。这几种主要的农村社会工作实践模式，更多是参照现有社区工作的模式，其中更多是城市社区工作的经验。要在农村中更好地开展实践工作，农村社会工作者必须得结合农村的自身特色，认清自己在工作中的主要角色，在这几种模式上不断进行探索与改进，探索出适合农村社会工作的实践模式。

作为一门专业性的工作，农村社会工作也需要专业的方法。农村社会工作作为本土化社会工作实践的结果，其方法仍然是沿用社会工作的三大基本方法，即个案工作、小组工作、社区工作。在实践中，农村社会工作者应该时刻认识到服务的对象是农村居民，方法的运用一定要根据农村社区的特殊性和实际工作的需要做出变通，并在实际工作中不断总结经验，找出更适合农村社会工作的方法。农村社会工作的推广，急需在不同的社区领域展开专业服务。农村社会工作者需要处理大量的因地理、环境因素引发的各种农村社区问题，来提供形式多样的社会服务。

总的说来，21世纪的农村社会工作面临着新的发展机遇，在全社会的共同努力下已取得一些成绩，但在农村社会问题日益凸显的中国，农村社会工作的发展仍需不断地探索。

第三节 农村社会工作的价值体系

一、农村社会工作价值体系

（一）农村社会工作价值观的重要性

1. 农村社会工作价值观的含义

农村社会工作的价值观从内部反映着人与环境相互关系的规定，它既包括正面的价值观，也包括负面的价值观。这里所指的农村社会工作价值观都为正面价值观。雷默（Reamer）和巴特利特（Bartlett）总结的社会工作价值观对于我们理解农村社会工作的价值观具有重要的启示意义。

借鉴 Reamer 和 Bartlett 对社会工作价值观的诠释，同时有人考察了农村社区的特殊场域、差异性的文化和不同的受助人群，农村社会工作的价值观可以归为对"人"的价值观、对"家庭"的价值观和对"农村环境"的价值观三个方面。关于"人"的价值观：每个人都拥有平等的价值和尊严，尊重个人的选择；人都有提升自身能力的需求；都有归属的需要，并有互助合作的需求；人除对自己负责外，也应对他人负责。"家庭"的价值观：重视家庭在养老中的重要作用，重塑家庭孝道；重视家庭的完整性和稳定性对农村个体和环境产生的积极作用。"农村环境"的价值观：农村社会应为每个人提供公平公正的机会，让个人潜能得以充分发挥；农村社会应该提供适当的资源和服务，来满足人们的共同需要；农村社会乃至整个社会应该尊重每个人的特殊性。

2. 农村社会工作价值观的作用

农村社会工作价值观是在专业范围内形成的一整套对人、对农村社会和对农村社会工作专业等的总体判断与评价标准，它对于树立农村社会工作的专业使命行为和保护受助农民的利益发挥着举足轻重的作用。价值观在农村社会工作中的作用主要体现为建构性和效果性，前者是指价值观对专业使命、目标的建构和规范，后者则是指价值对专业实践中具体行动的步骤和标准的预期。具体而言，农村社会工作价值观的作用表现在以下三个方面：第一，农村社会工作价值观是决定专业使命的关键所在，有了它才能明确农村社会工作专业本身的专业特质，从而为建立正确的农村工作模式做好准备；第二，价值观对农村社会工作专业人员的职责和行为方式给出了指导，从而保证专业行动最大程度上增加农民受助者的利益，减少对他们的伤害；第三，价值观通过对农村社会工作专业机构、人员的社会责任进行明确的界定，从而确保农村社会工作者为倡导农村地区的公平和正义作出应有的贡献。

农村社会工作价值观并不是一套泛泛而谈的伦理规定，它虽抽象但对维护农村社会工作的专业形象、改善社工实践的专业效果和保护农民当事人的利益都具有重要的作用。而且，农村社会工作价值观对推动农村社会工作的本土化发展，以及改善农村地区总体的福利都具有指导性的作用。

（二）农村社会工作的价值体系构成

依据中国的国情、农村的特殊场域和目前农村社会工作的实践情况来看，农村社会工作的价值体系是由农村社会工作的社会价值、专业价值、伦理价值和操作守则四个层次的内容构成。

1. 农村社会工作的社会价值

农村社会工作的社会价值是中国整体的农村场域所崇尚的基本价值，它是由在农村社区中形成并占统治地位的农村文化价值观念所决定的，在农村社会工作价值体系的大厦中起着"地基"的作用。

农村场域所推崇的基本价值并非一成不变的，它总是随着时代和社会的变化而不断地发生变更。在中国悠久的文化历史长河之中，经过发展和积淀而成的中国传统文化成为社会价值主要的组成部分，反映了在中国这一独特的地理、历史、社会、政治以及经济环境等条件下形成的独特的行为方式。在中国传统的社会当中，占统治地位的社会价值主要是由以下文化相互建构而成。第一，儒家学说。在中国社会发展至今，儒家学说占据着重要的地位，影响深远，尤其是儒学上所提倡的仁爱思想和维护社会秩序的"礼"。第二，墨家学说。中国是拥有着诸多传统美德的国家，在人民当中盛行的勤俭、节约、互爱、互信等美德则是受墨家学说中的勤俭和兼爱的思想所潜移默化而成的。第三，道家学说。道家的思想在中国的文化形成和发展中扮演着举足轻重的角色，它所提倡的无为而治、顺其自然和天人合一的思想在当前主流地位的价值观念中占有不可忽视的一席之位。

而在中国的现代社会里，传统的价值观念虽然仍发挥着作用，但因为新元素的融入，占主导地位的社会价值发生了较大的变化。这些引起变化的新元素主要来源于：一方面，西方社会中的科学、民主、平等、自由和自我实现的思想观念不断地涌入中国，与传统文化观念发生激烈的碰撞并相互渗透，对当代社会产生了广泛的影响；另一方面，在共产主义的价值观念和马克思主义基础上产生的全体共产党人共同努力构建的具有中国特色社会主义的价值观念，对多数工作和大多数人的思想观念起着主导作用。

在农村的社区场域中，传统和现代思想的碰撞使得农村社会的价值观念表现出复杂性和多元性的一面：观念交织，传统与现代并存。目前来看，农村社会的价值观念主要有孝顺、诚实、信用、热心、团结、互助和友爱，它们体现着农村社会的基本文化价值观念。但与此同时，自我实现和市场竞争的价值观念也充斥着农村社会，影响着农村场域价值观念结构。这种现象自改革开放之后表现得尤为突出。

2．农村社会工作的专业价值

（1）敬业

敬业是农村社会工作者对农村社会工作专业和实践的最根本态度，在农村社会工作的专业价值中处于基础地位。同时，敬业也是一种重要的人生态度。农村社会工作的敬业价值观念既涉及农村社会工作的专业性质、专业信誉和科学精神，而且还涉及农村社会工作者对农村工作、农村农民、农村相关机构和农村场域的关系原则。只有当社会工作者有了这种敬业精神，其他的农村社会工作的专业价值才会得以衍生和发展。

（2）接纳

接纳是农村社会工作者所遵循的基本道德准则，是农村社会工作实践开展的基础。它主要包括两个方面：一是接纳服务对象中的每个人——农民。每个人都是不同的，他们有不同的社会经历和经验、不同的文化水平和思想观念、不同的想法和社会追求，虽然农村社会工作者也有自己的是非判断标准，但他们必须理解和尊重农民所具有的不同的价值观念和行为方式，切勿用自己的价值观念来评判农民；二是接纳服务对象所在的地区——农村。相对于城市社区，农村社区是一个较为特殊的地区，所以社会工作在农村的实战需要社会工作者接纳农村地区的现实情况并全身心地融入其中，不可完全照搬城市社会工作的经验来开展农村社会工作。

（3）倡导

倡导既是农村社会工作者的角色扮演，又是农村社会工作重要的专业价值。在农村场域中，农民个人是渺小和无力的，尤其是在面对重大的自然灾难和争取相应的权利时。此时，农村社会工作者应秉承倡导的价值理念，倡导农民之间的合作，倡导政府部门、其他社会团体对农民的帮助，从而改善农民的生活状况，提升他们的生活质量。农村社会工作者需要不断地运用倡导这一理念才能更好地完成工作。倡导是农村社会工作的基本手段。

（4）自决

自决即自我决定。在农村社会工作中，自决主要是针对农村社会工作者而言的，自决往往是提醒农村社会工作者要鼓励农民进行自我选择和自我决定，真正实现农民自我意识的提升。通过农村社会工作者的专业服务，农民的行为开始自决、农户的自我意识和维权意识开始自决，进而农民不断地争取和保护自己作为公民的基本权利。因此，农村社会工作者要毫不动摇地坚持自决的价值理念，来实现农民利益的最大化。

（5）参与

参与是农村社会工作中比较重要的一个专业价值理念。农村社会工作者只有运用参与的理念，才能实现农村社会工作的目标。农民的参与行为是一项基本的权利，如果没有这项权利，他们的其他权利必然会受到影响。胡文龙等认为"群众参与能促使社区居民密切合作，是居民学习自由发言、表达意见、参与表决、分享权利和义务，从而达致民主自治的基石"。此外，"透过社区参与，能提高个人的潜能，特别是对社区问题的分析能力及领袖才能"。

境遇化是当前中国农村社会工作的基本要求，它主要是指在农村的特殊场域中，农村社会工作本土化价值取向的一个转变过程。在农村社会工作的专业价值观中，甚至是在整个农村社会工作的价值体系当中，境遇化有着特殊的地位。因为，第一，境遇化的专业价值体现着农村社会工作重要的理念——以人为本；第二，境遇化的专业价值也表明农村社会工作的出路——实践的多元化。

3. 农村社会工作的伦理价值

农村社会工作的伦理价值是指农村社会工作者所依循的职业道德准则和操守，它是由农村社会工作社会价值和专业价值决定的，同时也是这两种价值最为直观和简洁的伦理价值。社会工作的伦理价值主要包括以下六个方面：

（1）农村社会工作者作为专业人员的伦理

农村社会工作者需对自身的能力和专业方法有着较为清楚的认识，不断地在实践中提升自身的专业能力，进一步提高专业服务质量；农村社会工作者应当以诚示人，避免出现对农民各种形式的歧视行为；农村社会工作者要做到言行一致、言而有信，避免不诚实和欺骗行为的发生；农村社会工作者应当提醒自己在农村专业工作中的行为代表着自身的专业水平，不应该受他人或本身问题的干扰而影响专业水平的发挥；农村社会工作者必须做好对当事人隐私的保密工作。

（2）农村社会工作者对农民当事人的伦理

这部分的内容包括农村社会工作者对农民当事人的承诺；农村社会工作者对当事人负责，以保障农民当事人的利益最大化；农村社会工作者应该不惜一切努力来最大限度地促进农民当事人自我决定意识的增强；在当事人同意建立专业关系后，农村社会工作者应展现充分的专业能力、文化能力和对多元社会价值观念的认知，最为重要的是避免与农民当事人发生不必要的利益冲突。

（3）农村社会工作者对工作同事的伦理

农村社会工作者应以尊重礼貌和信任的方式来对待同事，并且正确、公正地评价同事的工作；农村社会工作者在工作和转介过程中得到的任何资料须对同事进行保密；在专业工作中，当要与同事展开合作时，农村社会工作者应以当事人的利益最大化为前提；农村社会工作者对团队中能力不足的同事应给予不遗余力的帮助；农村社会工作者应该加强与同事之间的行为伦理交流，对同事不合伦理的行为进行必要的纠正。

（4）农村社会工作者对工作机构的伦理

农村社会工作者必须严格遵守自己对机构的承诺，在自己的专业能力范围内为工作机构提供相应的咨询和辅导，同时也有接受机构提供的教育和训练的义务；农村社会工作者应注重自身在机构中的绩效和评估，按照所在机构的相关规定保留服务过程中所记录的资料，适时并且恰当地提供转介服务；农村社会工作者在机构中应当行使行政权利，如提倡资源分配的公平，慎重地对待与机构的劳资争议问题，对机构中的不完善部分提出切实中肯的建议。

（5）农村社会工作者对农村社会工作专业的伦理

农村社会工作者应有责任致力于促进农村社会工作专业的实务、价值、伦理、知识和使命的完善，以维持农村社会工作的专业正直；农村社会工作者应该促进农村社会工作专业村社区中被广大农民所接受的活动，增加专业服务开展的可行性；农村社会工作者还应承担在农村社会工作的专业实践中鉴定和完全使用专业知识的责任，并通过实践总结提升和完善专业知识的服务层次和内容。

（6）农村社会工作者对农村社会的伦理

农村社会工作者应该促进农民群体的整体福祉，并增进农民及其农村社区与农村环境的可持续发展；在农村社会工作的实务中，工作者应鼓励广大农民群众了解并参与农村公共事务；农村社会工作者也应为农村出现的公共突发事件提供尽可能的专业服务，最大限度地减少农民的物质和精神损失；农村社会工作者还应始终致力于与农村社会不公平、非正义的制度和观念作"斗争"，为农村社会的公平和正义做出努力。

4. 农村社会工作的操作守则

农村社会工作的操作守则是一种更为微观层面上的工作价值，是在各个层面上的农村社会工作价值理念的应用，它是农村社会工作的社会价值、专业价值和伦理价值。在实际工作中的具体运用，表现出的是农村社会工作实践开展的各种原则和技术。具体而言：第一，农村社会工作应遵循社会价值、专业价值和伦理价值中的基本要求，在工作开展的现实场景中严格按照上述价值的要求实践，尤其要充分重视农村社会工作的专业价值，这样才有利于农村社会工作的顺利开展；第二，农村社会工作者除了对价值要求的遵守外，还应不断地提升自己其他方面的相关知识。

二、农村社会工作理论基础

现代社会工作理论知识包括两个方面：一是农村社会工作的理论基础，主要是指来自其他相关社会科学的理论，如心理学和管理上的理论等，它们被应用于农村社会工作的实践开展中；二是农村社会工作的实务理论。

（一）实证主义

1. 实证主义的基本内容

实证主义是由奥古斯特·孔德在 19 世纪 50 年代前创立，50～70 年代流行于英法两国，后流传到其他西方国家，它是一种在社会科学研究中占有重要地位的方法论。孔德为了证明社会学的合法性地位，主张用当时较为盛行的自然科学的方法来研究各种社会事物和社会现象。在孔德看来，实证等价于科学，它是可以被证实和验证的。而在具体的原则上，实证主义遵循经验主义的原则，重视感性资料在社会认识和实践中的作用，强调价值中立性的原则，提倡社会学在社会中应具有积极的改造作用。

实证主义社会科学的发展史大体上可以分为两个阶段：早期的实证主义阶段和新实证主义阶段。第一阶段是从 19 世纪 30 年代至 20 世纪初，这一阶段的理论家除了创始人孔德外，还有穆勒斯宾塞及大批的追随者。孔德认为，因为实证主义是实证知识的体系，即它只叙述事实，而不说明事实，所以它才能够克服"形而上学"的困境，剔除唯物主义和唯心主义的片面性，成为真正意义上的新的哲学。穆勒则是把功利主义置于实证主义的基础之上，目的就是用实证主义的观点论证功利主义的"快乐至上"原则。斯宾塞的实证主义思想和孔德的极为相似，认为人只能认识事物的现象，不能认识其本质，哲学的任务在于摒弃绝对的东西，研究经验的东西。第二阶段是从 20 世纪 20 年代开始，延续至今。这个时期的主要代表人物为涂尔干，他将实证主义的社会科学思想推向了高峰。他对孔德和穆勒的实证主义进行了批判，认为"社会现象必须加以细致考察才能被真正了解，也就是说研究事物，必须以事物为主而不能以一般性原理为主"。此外，涂尔干提出了社会事实的概念，制定了一系列研究的方法和准则，并运用统计方法对自杀进行了实证分析。

在现代发展中，实证主义成为许多科学研究范式形成的基础，如功能主义、行为主义等。虽然这些研究范式的产生使得实证主义更加具有包容性，但实证主义根本假设并未改变。

2. 实证主义对农村社会工作的启示

实证主义对农村社会工作具有积极和消极两个方面的启示。其积极启示主要表现在：第一，以实证主义为理论基础的农村社会工作表现出不同于以往开展的农村工作，它具有自身的独特性。在当前的中国社会环境中，农村社会工作开展离不开政府部门的认同和支持，因此，农村社会工作应有着一套独特的专业理念技术和方法，并且这些技术和方法是不同于农村扶贫救济、行政等工作的，使得农村社会工作的开展会取得更好的认同和效果。第二，农村社会工作者以实证主义思想充实自己，可以精确地量化分析农村社区中的问题，并理性地总结社区中

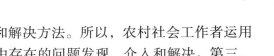

存在的普遍问题，思考共同的介入策略和解决方法。所以，农村社会工作者运用实证主义能在量化的标准下将农村社区中存在的问题发现、介入和解决。第三，实证主义要求农村社会工作者以科学态度对待专业实践，达到敬业精神的目的，提高农村专业工作效率。

实证主义的思想对农村社会工作的开展也具有消极影响。首先，过于量化地分析农村社区的普遍性问题，往往会使社会工作者忽视农村社区的差异和农村居民的不同诉求，不能全面地考虑不同受助当事人的不同需求；其次，实证主义也会使农村社会工作者在对待受助者时，陷入方法的套路化、态度的冷漠化以及问题解决的表面化；最后，最为严重的是受实证主义影响的农村社会工作者有可能以一种"高姿态"接触受助对象，使两者处于不平等的关系中。

（二）功能主义

1. 功能主义的基本内容

功能主义是在实证主义研究范式中发展起来的一个重要理论学派，对现代西方社会学界产生着广泛的影响。功能主义者认为，文化或社会是一个有机的整体，构成整体的各部分之间也会发挥着一定的功能并相互依存，从而达到维持统一整体存在的目的。

2. 功能主义对农村社会工作的启示

从广义上讲，以功能主义为理论基础的农村社会工作专业工作的开展，一方面能够促进农村社会的稳定和繁荣；另一方面能够协调个人与他人之间、个人与农村社区、个人与社会之间的关系，最终推动整个社会的和谐。

从狭义上讲，结合当前中国农村的发展背景来看，以功能主义为理论基础的农村社会工作主要起着以下几方面的作用：第一，对整个农村社区而言，按照功能主义的要求，农村社会工作应促进农村社区政治经济、文化等子系统之间的协调发展，有效地配置社会中的资源，从而加快新农村建设的步伐。第二，对农民个体而言，农村社会工作者的专业服务，能够最大限度地激发农民自身的主体意识，自觉地投入新农村建设的队伍中，从而为新农村建设奠定坚实的群众基础。

但是，由于功能主义自身理论上的不足使得受它影响的农村社会工作在专业实践开展中要避免如下局限性：第一，因为功能主义是一种决定论的表现，所以在开展农村社会工作时，工作者往往会把受助当事人的问题刻板化和标签化，以助人身份来持续干预受助者的问题，更会忽视农民本身的自助力量。第二，在具体的专业实践中，受功能主义影响的农村社会工作只关注于具体的技术应用，久而久之就会使农村社会工作的专业基础发生异化。

（三）认知行为理论

1. 认知行为理论的基本内容

认知行为理论是一套致力于通过改变受助当事人的思维、信念和行为方式来改变受助者不良认知的理论体系。它的理论内容建构主要有两个方面的来源：一是认知理论，二是行为理论。认知行为理论是通过对认知和行为理论中所存在的不足进行反思和批评，进而发展起来的，但值得注意的是，认知行为理论并不是认知理论和行为理论的简单相加。

行为主义理论是以巴甫洛夫（Pavlov）所提出的经典条件反射原理和操作条件原理为基础逐渐兴起的。行为主义理论强调，人的行为都是在社会生活中习得的，是对个人所处的当前环境所作的适应性反应。同时认为，人经过学习而形成的这一行为也能通过学习而变更、完善或消失。在行为主义理论对个体学习的动机给予了考察后，认为强化是个体学习的主要动机。如个人的行为受到了奖励或得到超出意料之外的奖赏，那么这种行为就会容易被学习并且会得到维持；但是如果个人的行为受到了惩罚或得到预期之外更大的处分，这一行为将不会被学习。最后，行为主义理论还针对控制个体行为提出了相关的干预方法和技巧，如脱敏疗法、厌恶疗法、冲击疗法等。

认知理论是认知行为理论的另一主要来源。其主要代表是艾利斯的理性情绪治疗方法和 ABC 理论。在艾利斯看来，人生来就具有理性和非理性思考的潜能，情绪的困扰主要来自其中的非理性思考，因此可以用理性情绪治疗来克服这些非理性的信念。理性情绪治疗就是帮助个人寻找困扰其情绪的那部分非理性信念，这就是 ABC 理论。A（activating event）表示直接的触发事件，B（belief system）表示人们对该事件所持有的信念系统，C（emotional consequence）表示事件发生后产生的情绪反应。A 并不是必然会引发 C，而是经过人们看法 B 的作用诱致了 C 的出现。总之，这种理论主要认为应重视理性和认知的作用，充分发挥认知在理性和行为之间的中介作用。除此之外，认知行为理论还引入了班杜拉社会学习理论中的前置事件、目标行为和结果的三个因素来实验性地认识人的行为，并以此作为改变人行为的依据。

2. 认知行为理论对农村社会工作的启示

在中国农村社会中，认知行为理论对农村社会工作的服务模式和专业实践具有较大的借鉴意义。第一，有助于农村社会工作者改变以往单一的服务模式，将认知和行为治疗结合起来，在经典的行为治疗中加入认知矫正，使对农村地区居民的专业服务更加多样，从而实现农村社会工作服务效果的最优化；第二，认知行为理论的关注比较偏重于儿童和青少年，重视对他们当中不良认知和行为的调节，因此，以认知和行为理论为理论基础的农村社会工作应重点关注农村儿童的问题。近年来，农村儿童的犯罪问题不断成为社会关注的热点，农村社会工作者须努力改变儿童的错误认知，帮助他们树立正确的认知观和行为观；此外，农村社会工作者利用认知行为理论可以介入农村的养老问题，帮助当地农民树立正确的养老观。

当然，以认知行为理论为理论基础的农村社会工作也具有一定的局限性。如认知行为治疗着眼于情绪问题的解决，会让农村社会工作者在一定程度上忽视农民当事人的一些基本问题；农村社会工作者一般都在受传统观念影响较深的农村地区，如果一味强调认知行为的治疗，必然会给工作的实际效果和预期效果带来较大的冲突。

第四节　农村社会工作研究

农村社会工作研究在农村社会工作的发展中具有重要的作用。这里在介绍农村社会工作研究含义和功能的基础上，从不同视角分析了当前中国农村社会工作研究的主要类型，并对农村社会工作研究的方法进行了阐述。

一、农村社会工作研究的含义及功能

（一）社会工作研究的含义与意义

任何一门学科的发展都离不开研究。研究是一种解答问题的途径，是知识积累的主要手段。对于社会工作这门学科而言，研究实务与教育共同构成了社会工作专业的完整体系。社会工作研究能够帮助我们通过运用适宜的研究方法以及测量工具去总结、比较社会工作实务和教育路径，从而发展社会工作的理论、方法和知识。社会工作研究的含义较为宽广，不仅包括实务工作理论与方法研究，还包括实务经验总结的模式与技巧研究，同时还涵盖了与社会问题相关的，尤其是与弱势群体利益相关的社会政策及社会福利研究。

社会工作作为一门专业在西方已经基本发展成熟，社会工作研究、实务与教育紧紧相扣。而在中国，社会工作研究、教育与社会工作实务的发展之间并不同步，社会工作的专业知识体系与现实国情之间存在着脱节现象。这种脱节突出表现在两个方面：一方面基层社区服务人员具有非专业化特征；另一方面社会工作专业培养的学生毕业后实际从事社会工作服务的比例不高。怎样在学习西方经验的基础上发展适合于本土的社会工作是一项艰巨而重要的现实任务，而这离不开社会工作研究的发展。

（二）农村社会工作研究的含义

农村社会工作研究作为社会工作研究的一项重要内容，是社会工作与农村社区的结合，其指导理论研究方法基本相同，都需要秉承专业伦理和研究伦理，使用社会研究方法，搜集和分析与社会工作有关的资料，协助达成社会工作目标。农村社会工作研究和社会工作其他研究的区别主要在于研究对象、研究类型及研究范围。

农村社会工作研究具有以下基本特征：第一，研究的目的在于促进农村社会工作理论与实务的发展，最终推进农村社会工作服务对象即农民的整体福利；第二，研究对象是农民个体和家庭、农村社区甚至农业政策相关问题，但事实却以农村弱势群体或弱势群体的问题为主；第三，从社会工作视角进行研究探讨，在研究中注重探讨个人与环境两方面原因及其互动；第四，农村社会工作研究特别重视本土知识。最后一点尤其值得我们重视，这是因为不同时期、不同地域、不同民族、不同经济发展水平的农村基层社会之间存在着明显的差别。农村社会工作者只有深入农村社区体村俗、察民意，在充分重视本土知识的基础上运用社工专业方法，才能较好地开展农村社会工作。同样，在进行农村社会工作研究时，如果不充分地了解乡风民俗，仅仅简单套用基本社会工作理论，不加区别地滥用社会工作研究方法，根本不可能获得真实准确、充分的研究资料。因此，研究者在整个研究过程中都必须时刻提醒自己以人为本，充分重视本土知识。

（三）农村社会工作研究的功能

农村社会工作研究最根本的功能是通过发展社会工作理论和实务来推动农村社会工作的发展，从而促进农村社会和谐发展。随着中国整体进入转型时期，在农业稳步发展，农民普遍增收的同时，市场化城市化浪潮猛烈冲击着农村社会，农村社会问题呈现出多元化、高发化特征。具体而言，农村社会工作研究的功能主要表现为以下几个方面。

1. 推动农村社会工作专业人才队伍建设

农村社会工作研究能力是农村社会工作专业人才的核心能力之一。从微观上来看，个人的发展需要通过实践体验和理论学习来实现，而学习的内容则正是由过去人们的经验积累通过科学研究转化成的库存知识。从宏观而言，农村社会工作的发展必然伴随着职业化的发展特征，事实上我国并不缺少农村社会工作者，许多农村基层组织人员都在扮演着农村社会工作者的角色，如民政、妇联、村支部等。但我国农村社会工作仍然存在职业化不明显的特征，仅从专业理念上来评判，这些非专业人员并不能归于专业社会工作者。

2. 总结农村社会工作经验，为政策制定和调整献计献策

我国是一个强政府型社会，国家政策往往是决定一个地区、一个行业发展状况的重要因素。农村社会工作研究的一个很重要的功能就是民情上传，总结实践工作经验，发现农村社会问题，为政府制定政策提供参考。目前，我国已经确立

一系列惠农利农政策，党中央国务院关于建设社会主义新农村的大政方针已经明确，但这些政策资源应当如何配置和具体实施，从而最大限度地实现政策效果则需要社会工作研究者在充分把握农村现实情况的基础上，进行研究和反馈，随时关注政策推进过程中不符合现实需求以及不适合当地人文环境而出现的问题，好的政策需要紧紧贴合社会需要。公众参与对于社会政策的科学化、民主化、公共性与执行力等具有重要意义，有助于建构更符合社会需要的社会政策体系。我国一直较为重视民主决策，如人民代表大会制度、政策正式颁布前的意见征询机制等。但从现实情况来看，农民直接参与政策制定的途径还比较少，而经过详细调查研究的农村社会工作研究报告可以真实反映农村社会现状，反映农民诉求，承担起农民群体的利益代言者角色。

3. 推动农村社会工作本土化发展，完善社会工作学科建设

农村社会工作研究直接的功能就是促进农村社会工作发展。一个学科的发展必然也是其相关理论研究的发展史，农村社会工作的发展既是实践工作的开展，也是理论研究的发展，理论和实践是相互促进，不可分割的。

我国社会工作起步较晚，其理论视角和发展模式多是借鉴国外经验，但在具体实践中由于我国国情的特殊性，并不是所有的工作方法都能取得理想效果，尤其在我国农村，与国外已经实现现代化的乡村相比差异很大。考虑到我国城乡二元体制的历史和现实，农民一直作为一种身份的存在而非职业的存在等种种特殊性，所以进行农村社会工作时照搬国外经验，几乎是不可能的。这对于我国农村社会工作研究者既是巨大的挑战也是难得的机遇，我们迫切需要具有中国特色的农村社会工作视角和方法，而农村社会工作研究正是社会工作进行本土化的最佳切入点。

4. 搭建农村社会工作交流平台，引导公众关注农村发展

农村社会工作研究在于农村，但并不限于农村。社会工作重视全面联系的视角，关注受助者的社会关系网络，同样，农村的发展绝不仅仅是农业、农村、农民的发展，而是需要城乡的和谐共建，需要整个社会的支持关注。

农村社会工作研究有助于将个体的、分散的农村基层问题挖掘出来，引起社会民众的重视。农村社会工作研究相关杂志、会议的繁荣也能够为农村服务机构之间的交流联系与合作提供广阔的平台，能够显著加强农村基层社会工作者和社会大众以及政府之间的互动互助，也有利于整个社会对农村和农村社会工作者的认同。众多的研究者投身于农村建设无疑也是具有良性示范的影响，促使更多有志者从事农村社区服务工作。

二、农村社会工作研究类型

（一）以研究理论划分

中国农村社会工作研究理论视角的发展可以分为两个阶段，第一个阶段是引进阶段，第二个阶段是本土化发展阶段。第一阶段的理论视角主要是由国外社会工作理论引入，如结构视角、系统视角、赋权视角等。这些传统的理论视角被大量社会工作研究采用，经过反复的理论实践，发展逐渐成熟，形成了清晰的理论脉络和实践框架。其中，结构视角是对旨在通过推动结构的变迁（如社会运动和社会变革），而促进社会发展的诸多社会工作实践模式的指称。系统视角认为个人与社会环境是不可分的，强调关注个人的生活经验、生活空间，谨记问题的产生并非单一因素，因此解决之道应该是多元的。赋权视角认为受助者的问题是由于其权利障碍的存在而产生的，要帮助受助者建立能力，克服影响其权力运作的障碍。第二阶段是以张和清等人扩展和丰富优势视角为代表的本土化发展阶段。优势视角是西方近年来基于对缺陷模式的不足而提出的，其核心观点是要看到受助者的优势和资源。

总体来看，学界关于研究视角的本土化发展方面仍然是不足的，既缺乏国内本土实践中发展而来的创新性的理论指导，也缺乏独立于其他学科的，凸显社会工作学科独立性和特殊性的研究视角。这些问题的存在，一方面是源于农村社会工作研究在我国开展时间还较短；另一方面也是由于一个契合地区特色又有广泛适用性的理论视角，既需要深厚的理论研究功底，也需要长期深入农村获取一手资料的沉淀，这要求研究者具有较高的研究素质。

（二）以研究内容划分

近年来我国农村社会工作研究取得了许多开创性的成果，以研究内容为划分基准，可以大体分为偏向政策背景和现状描述的理论研究、以实务为导向的社会工作模式研究以及评估研究。

1. 模式研究

社会工作服务的模式方案是指在社会工作实务中形成的，在相对固定的理论架构指导下为服务对象提供直接的、具体的且模式化的帮助方式。社会工作模式是连接价值理论和实务工作的桥梁，对农村社会工作各种具体模式进行归纳、总结和创新，对于社会工作发展具有重要意义，是农村社会工作研究的重要内容。

社会工作模式确立于西方社会工作者的理论与实践，在我国得到了进一步发展，我国农村社会工作实务工作者和研究者并没有拘泥于某个模式框架，而是立足于本土知识不断进行改进和创新，如在反贫困问题上采用以能力建设和资产建立为核心的实践模式、地区发展模式、社会策划模式和社会行动工作模式；在灾后重建问题上采用以社区为本，以增加外部资源联结和内部资源发掘为根本宗旨的社会工作综合服务模式，其他如需求为本的社会工作模式等。

2. 评估研究

受过专业训练的社会工作者是公共服务建设的重要力量，职责要求社会工作者不仅要有一副热心肠，更要能提供专业的、有品质的服务，那么如何来确保服务是有品质的？服务的投入和产出是否合理？是否满足了服务对象的需求？在众多的服务方案中哪个是最可行的？这些是社会工作者、服务对象、基层政府以及基金会很感兴趣的问题，因此也是研究者较为关注的议题，评估研究是社会工作研究中重要的一项。

评估贯穿整个实务工作中。在开始执行计划工作前，社会工作者需要明确识别案主的问题和需求，并尽可能多地搜集服务对象的个人、家庭及社区的相关情况，这时评估也可称为需求评估，是社会工作开展的基础性步骤，在计划对农村社区开展社会工作项目服务前必须要进行需求评估。需求评估包括了解社区是否已经存在社工准备提供的服务；了解服务对象的需求以及具有这种需求的案主是否较多；了解服务对象在接受服务时可能存在的障碍，如语言不通或者路途遥远；了解这种需求产生的社会背景。需求评估的方法包括问卷或者电话调查，但要注意调查用语要和村民的习惯用语相适应。二手文献以及数据研究，如村史、与村民或当地官员访谈，可以是入户，也可以选择在社区聚脚点进行，此外还可以通过观察或者参与社区活动的方法搜集资料，总之要尽可能全面搜集资料以作出准确的需求评估。

在确定要开展某项服务后，研究者就需要进行方案评估。这种评估也可看成是对服务提供过程的监测，也称为形成性评估。它可以帮助机构和社会工作者及时发现服务过程中面临的问题，并制定解决问题的策略或者是修改项目计划。服务过程中的方案评估主要形式包括投入评估以及成本—效率评估，它可以通过发展具体的测量工具，如协助建立农村合作社的项目中入社成员的数量以及收入、个案研究、焦点小组、观察和非结构式访谈等方式来进行。个案研究需要在仔细整理工作日志以及项目过程记录的基础上，评估计划的实施情况，如对服务对象的干预是怎样运作的、遇到了哪些障碍、能够动员哪些资源、预期能够达到怎样的效果等。焦点小组可以在社会工作者的引导下，进行一系列主题或开放式的小组讨论，评估人员可以通过小组成员自由的交谈来记录被服务对象的感受与困惑。以观察、非结构式访谈等方式搜集的质性资料往往有很多内容是和研究者需要了解的目标不符的，但研究者可以在避免外界干扰的情况下直接获得被服务对象的真实境况，并且搜集到一些事前没有预料的信息。在项目开展的各时期注意搜集服务对象的直接反馈对于评估服务而言是十分重要的。

在完成服务项目后，进行总结性评估是必不可少的，总结性评估主要关注项目是否达到了目标效果，是否能够或者说在多大程度上满足了被服务者的需求项目投入和成果产出比，项目中的哪些活动产生了最后的结果，项目的影响是长期的还是短期的。总结性评估的理想方法是通过实验组对比，也就是将提供社工服务的小组与没有提供服务的小组的情况进行比较，但是实际农村工作中往往难以达到严格设定实验组和控制组的要求，此时我们也可以通过比较被服务者的前后情况，以及比较原来情况相近的农户或者村落等策略来达到结果评估目的。

三、农村社会工作研究方法

（一）方法论

社会工作研究是社会研究的一个组成部分，属于社会科学研究。当人们提到科学时，总是最先想到自然科学，想到精密的仪器、严谨的测量、客观的实验。社会科学也发展出了系统的研究方法，这些方法能够帮助人们从复杂多变的人类行为及社会环境中认识自己，因此社会科学同自然科学一样能获得知识和创造知识，而社会科学的科学性正是建立在其科学的研究方法之上的。这也是为什么在进行农村社会工作研究时，需要把学习社会科学研究方法放在重要地位的原因。

19世纪，欧洲一些社会研究者开始反对把人类社会等同于自然界来研究，开始主张运用诠释主义对社会现象和人类行为进行研究。诠释主义最著名的提倡者之一是德国社会学家马克斯·韦伯，他认为社会科学应当要去研究社会行动，社会行动是人们带有一定的目的和意图，并以他人为取向的行动。诠释主义研究者认为应当研究人们的主观意图，理解人们为什么如此建构，理解世界的差异性及其背后所隐藏的意义，而不是去总结普遍规律。诠释主义者认为价值无处不在，研究者应当积极理解甚至参与到研究对象中去，把分析和反思个人观点和感受作为研究的一个重要内容。诠释主义研究方法常常会用到参与式观察和田野研究，通过搜集大量详尽的质性资料来分析人们具有社会意义的行动。

批判主义可以追溯到马克思、恩格斯的辩证唯物主义和历史唯物主义。批判主义一方面反对诠释主义研究者将注意力放在微观的短期的社会现象，而忽略了宏观的长期的社会背景，另一方面批判主义虽然同实证主义者一样坚信唯实主义，但也认为现实状况是不断被社会经济、政治、文化等因素制约和塑造的，社会关系是处于变革、紧张和冲突中的，批判主义认为否认研究者有自己的观点本身就是错误的，研究工作是一个道德政治活动，研究者存在价值介入。批判主义者将研究的重点放在社会变革和冲突上，其研究者开展研究是基于其不满现状、寻求改变，具有行动导向。

（二）伦理价值

农村社会工作实务和研究常常会涉及伦理问题，伦理是人们约定俗成的道德标准和行为准则，伦理指导我们运用一些符合社会大众价值观的方式去处理社会关系。在实际工作中，常常碰到这样的难题：我们是否能违背对案主的承诺将案主的重症告知其家人而使其获得更好的医疗服务？我们是否应当冒着损害研究客观性的风险，告诉村民正在进行的研究？这些都需要职业伦理来进行抉择。

对社会工作伦理的探讨源于西方，社会工作伦理深受西方社会传统文化理念的影响，如新教伦理所追求的人生来平等且拥有天赋的尊严，人文思想所追求的世俗世界中的自由、平等、幸福，民主思想所追求的每个人都能寻求自我实现并有社会参与和管理的能力，社会福利思想所追求的社会有责任提供资源和服务满足人们的基本生存需求。

我国社会工作的职业化发展道路，借鉴和吸收了西方社会工作中的核心伦理价值。同时，充分挖掘中华民族精神的优秀资源，如传统文化中儒道所倡导的仁爱、大同、孝道、众生平等、行善积德、天人合一等。当代社会主义主流价值观所倡导的集体主义、为人民服务、以人为本、可持续发展等都极大地丰富了社会工作伦理原则，建立了适应中国国情的社会工作价值观。伦理在我国社会工作中具体体现为职业守则、职业道德和职业素质。已有的职业标准为我们提供了专业伦理的基本依据。依据这些标准，社会工作者应当担负起专业所要求的道德责任和判断，不仅自我恪守职业伦理，也应当及时阻止、纠正其他违背职业伦理的行为。

农村社会工作研究是以价值为基础的研究活动，其价值标准是建立于社会工作职业伦理之上的，都需要有平等、尊重、理解、接纳的理念，但研究伦理与职业伦理二者也存在差异，职业伦理指向的是社会工作者，更关注于工作开展过程中社会工作者与案主的互动，而研究伦理指向的是社会工作研究人员，其更加关注于研究者与其研究对象的关系。农村社会工作研究的伦理还要求研究者应当在研究开始前、研究进行中以及研究结束后，充分考虑研究过程可能给被研究对象带来的负面影响，这些负面影响不仅应包括生理上的损害，也包括情绪的过分波动，以及对他人价值观的过分干扰。

（三）研究方式与具体方法技术

1. 研究方式

一般而言，定量研究与实证主义研究方法是一脉相承的，具有程序标准化、演绎式的研究逻辑，运用统计数据和专业软件处理资料，有研究假设和检验等特征，研究结论一般有可推论的特征。在需要了解农村地区的整体状况以及大规模的趋势分析（如人口结构、收入层次）时，通常会进行大型的农村调研工作，这是典型的定量研究。

定性研究者则通常相信诠释主义或批判主义，定性研究不追求标准化的程序，它根据研究对象、研究背景以及研究者的不同而不同，研究运用归纳逻辑，采用个案研究参与式观察、访谈等方式搜集资料，并在社会情境中去解读这些资料。

定性研究并非完全不采用定量的资料搜集方式，只是定性研究更将研究对象看成是有潜力和创造性的人，而非无意识的统计数字。

早期社会工作研究倾向于定量研究，1917年《社会诊断》（Richmond）一书出版后，社会工作研究与实践多以科学为准绳，信奉实证社会科学的研究范式。20世纪70年代，欧美学术界开始定量与定性研究之争，以量化数据、可检验的逻辑事实为代表的社会工作研究取向开始受到挑战。20世纪80年代，社会建构主义及批判理论等另类认识论的范式在美国社会工作研究界逐渐被接受。在今天，学界的共识是选择定量研究还是选择定性研究应当根据实际研究的具体需要以及研究所具备的客观条件而定。

由于农村社会工作的开展离不开深入理解被服务群体，在工作过程中常常要面临复杂的社会环境和人际互动，一味坚持标准化的程序和资料搜集方式是不可取的，因此目前较多农村社会工作相关的研究趋向于进行定性研究，重视理解和解释，尤其是研究对象需要深度探索的研究、评价某个介入方案与介入过程的研究、获取实务经验的研究等都更加适宜采用定性研究，不过定性研究要求搜集的资料也更加广泛和深入，这使研究人员在提炼资料时去粗取精的工作更加复杂，对经验不够丰富的初职人员无疑是个挑战。

2. 主要方法和技术

（1）实验法

实验法是最忠实于实证取向的定量研究方法，实验研究不仅包括实验室里进行的实验，也包括实验室外的实验。农村社会工作研究多使用实验室外实验，常用到的有平行实验和连续实验，如对一组农村儿童提供某专题的小组辅导而另一组则不开展活动，一定时间后，测量并比较两组儿童的相应指标，以发现该项小组活动对研究对象的影响程度。再如测量某村老年人幸福感指标，修建老年人活动中心后，再测量该村老年人幸福感指标，并与之前的数据进行对比。

（2）个案法

很多农村社会工作研究者喜欢选择个案法，因为不需要太大的样本，只要操作过程科学适当也能够从中归纳出带有普遍意义的规律。运用个案法时，研究者应根据研究目标来确定研究对象。个案研究的对象可以是农村社会的个人，也可以是组织、机构或事件，甚至是某一情景。在进行个案研究时，研究者要十分关注研究对象的典型性，即在某一方面具有的典型特征。然后研究者要尽可能地搜集与之相关的所有资料，另一方面，由于研究对象较为单一并且研究内容可能涉及私人生活，研究者要注意搜集的资料是否存在虚假问题，这时研究者可以搜集一些其他相关资料或者二手资料进行互相印证，再在广泛地占有资料的基础上，对这些材料进行认真的分析、思考加工，最后得出研究结论。

（3）历史研究

历史研究法是通过已有的相关研究资料、原始文献、年鉴报刊、访谈记录以及查阅工作者或服务对象的工作记录及日志等方式进行系统地研究，从历史的资料中总结出研究结论，这种结论可以是对某现象历史脉络的描述或推测，也可以是用来对当前某个问题的诠释和指导。

我国农村地区地域辽阔，居住分散，各地区的经济、社会、自然条件差异显著，农民文化水平相对较低，部分农村地区青壮年劳动力季节性外流。这些特点要求研究者在进行农村社会工作研究时，要注意做好充分的准备工作。第一，事先了解村庄情况，有助于顺利地开展研究，如要研究某村青年婚姻状况，则要避免选择大量青年外出的时间调查。第二，在正式调查前，要进行试调查工作，根据具体情况及时调整研究方案，尤其对于问卷和结构式访谈，要将学术问题转换成为农民通俗易懂的日常用语。第三，合理安排研究时间，每日的研究工作尽量不要与农民从事农活的时间相冲突，这可以显著提高农民的配合程度。第四，重视各村情况的特殊性，不仅在研究方案上要因地制宜，在研究结论上也不可过分推广。

（四）研究程序

1. 确定选题

社会工作是一门实践性很强的学科，因此农村社会工作的研究也偏于应用型，选题一般应来源于推动农村实务工作的需要或者是为了解决农村实务工作中遇到的困难，因此确定选题时要考虑该研究结果是否能够有效地应用到农村社会工作实践中。当然农村社会工作也同样需要站在一定的理论高度进行梳理、总结展望，不过做好理论研究往往需要深厚的实践经验、理论积累和思想深度，这对于初学者困难往往较大。

在选题时要能够预见研究过程中可能遇到的问题，尽量在选题阶段着手解决，如所选的课题在进入农村社区、寻找研究对象等资料搜集方面存在很大困难，或者该选题本身涉及伦理道德上的问题，又或者该选题无法以基本的社会科学研究方法进行研究，则应当进一步考虑选题的适宜性。总之，确定一个自己感兴趣又适合自己研究的选题，是开展好农村社会工作研究的第一步。

2. 文献回顾

在确定选题后，研究者需要对该领域的研究状况进行回顾。文献回顾可以帮助研究者对选题进行更深一步的了解，整合相关学科在该领域发展的理论观点及研究路径，为将要开展的研究打下基础。

文献回顾包括三项主要工作：查找与选题相关的文献、对文献进行筛选、阅读和分析。研究人员可以从图书馆找到相关书籍、学术杂志、学位论文、政策文件及包括社会工作年会在内的会议报告，研究者还要善于利用网络资源，期刊电子数据库、政府部门门户网站等都能提供非常有价值的信息资源。注意文献来源要符合学术性、权威性的规范，文献的搜索范围一般要大于自己的研究选题，如对农村社会工作方法进行文献回顾时，需要将社会工作方法纳入文献查找范围，否则可能会漏掉有价值的信息。

在检索完相关文献后，研究者需要对众多的文献进行筛选。筛选的标准一般为与自己的研究方向越相近、发表时间越近、文献的学术影响越高，则越需要详细阅读。在此基础之上，重点阅读筛选后，研究文献的框架理论、基础研究方法和结论，最后形成自己对该领域研究的评价。在撰写文献回顾时，要注意将研究结论组织起来，按照逻辑关系总结共通和相异之处，而不是简单罗列各人的研究成果。

3. 研究设计

研究者根据研究目的进行研究设计，研究目的包括探索性研究、描述性研究、解释性研究。探索性研究是对某一前沿性问题进行初步的探索性了解，可不做研究假设，通过观察和无结构访谈等方法开展研究，研究结论也不具有系统性、确定性和推论性；描述性研究用来描述研究对象的总体状况、规律或特征，运用调查统计等研究方法对大样本进行研究，其结论具有结构性、系统性、准确性的特征，一般也不需要做研究假设；解释性研究就是要解答某种现象的原因，弄清某些社会现象之间的关系，通过提出研究假设，搜集资料检验假设来得出结论，往往涉及严谨的理论，规范的操作以及复杂的统计变量分析。

4. 研究执行

研究执行是研究的资料搜集阶段。研究者根据研究设计以相应的研究方式和资料搜集方法，开展资料的搜集工作。研究执行是整个研究中需要花费较多时间的一环，对于在农村中的资料搜集，研究者要做好充分的准备，如熟悉当地的路线、作息时间、语言环境等。当资料搜集工作较大时，还需要培训一些工作人员协助搜集资料。为确保研究的顺利执行，研究者需要在进行正式的大型的资料搜集工作前，先进行试调查，并在此过程中随时注意反馈情况，如果发现资料搜集出现不顺畅，如问卷的设计不适应当地的情况，测量工具在信度和效度上欠佳等，则需要随时做出调整。只有搜集到真实、有效的资料，研究结果才是有价值的。

5. 研究分析与报告的撰写

当资料搜集工作完成后，研究者需要进行资料的处理、加工和分析。定量资料需要进行资料整理和编码、输入、检查等工作，可以运用统计软件如 SPSS 进行处理。定性资料通常是在资料的搜集阶段就开始分析，由于定性研究分析的本身特征，对定性资料的分析不如定量资料分析那么精确和数字化，研究者需要对资料进行整理，归类对比综合思考，以找出复杂资料后面的模式和意义关联，并以这种模式来呈现资料中的具体事物。在资料分析时，要时刻注意不让研究者先入为主的观点影响了分析结论的客观性，要通过对资料的分析得出结论，而不是选取部分资料引证自己已有的观点，这一点可以通过寻找资料中的反面证据来加以克服和检验。研究报告是整个研究过程的回顾与总结，它展现了研究者是如何搜集资料、解释资料并形成自己的研究结果的。研究报告一般应包含以下基本内容：研究目的与研究主题、文献综述、研究设计、资料搜集、研究结果、研究讨论、实务应用意义与范畴。在研究报告的撰写具体过程中，研究者需要根据自己所采用的研究方法突出报告的侧重点，定量研究报告。在展现研究资料时，重点并不在于过多的叙述所搜集到的原始数据，而在于通过比较和分析，揭示各变量之间的关系，并以简洁而清晰的数据及图表的形式展现出来。定性研究报告却不能割裂开原始资料的展现和研究者对资料的分析，它常常需要通过详尽地展现某一部分原始资料（如被访者的一段话或者对某项活动的完整记录）来使研究报告更加深入和可信。当然，定性研究者不可能在报告中分享所有的资料，因此如何压缩资料又不至于影响资料的代表性及适用性是定性研究报告的关键之一。

第二章　农村社会工作发展的环境

第一节　农村社会政治环境

农村社会工作的发展在相当程度上受制于农村政治环境，即农村社会工作如何发展、有多大程度的发展等在一定程度上取决于政治空间的大小，以及国家政策的引导或约制。

一、农村政治环境概述

自秦汉时期开始，中国社会便开始了以官僚制为基本形态的国家管理体制的形成和完善过程，其中官僚制构成了中国传统社会政治形态的基本构架。在这个形态之中，中央政府一方面试图完全控制整个社会，以实现自己的"集权"统治；于是中央政府对农村社会实行了官僚制的管理体制，这样既能保障"集权"的效果，同样又能够防止"世袭主义"所带来的分裂倾向（导向独立的地方世袭领地）。正是由于国家的权力没有完全进入农村社会，因此给农村社会以充分的自主空间，其中家族组织便是一个维持农村社会秩序的重要力量。它不仅是农村社会政治的重要构成要素，同时也为农村社区内部的救济与救助提供了组织基础。如果借用著名学者迈克·曼对国家权力的划分——国家的专断权力和国家的基础权力，那么可以认为，在传统的乡土中国，国家的专断权力强而基础权力弱，但皇权通过其基础设施渗透和集中地协调市民社会活动的能力却极弱。这种传统政治架构的实践形塑了中国农村政治的基本特征，以自强、救国为目的的改革才开始改变这一政治结构。

在1950年以后，在"总体性社会"之中，国家控制了主要的社会资源，国家的指令与计划也成为支配资源分配的最主要的依据。由此，在这一阶段，政府组织成为国家控制和管理农村社会的唯一主体。1980年初的家庭联产承包责任制的改革使得家庭重新成为农民基本的生产生活单位，集体化时期的"总体性社会"随之瓦解。经过多年的改革，社会已经逐步发展成为社会资源与机会供给的重要源泉，这只"看不见的手"逐渐成为一个相对独立的、且与国家这"看得见的手"相并列的资源和机会提供者。与此相对应，在"总体性社会"时期，政府包揽各种社会事务的局面也开始发生改变，在人们日常的生产与生活上，政府的直接控制逐渐减少，人们的自主性获得明显增强。但在这一过程中，政府对诸多社会事务的过分控制仍在一定程度上抑制了社会自主性的发展。国家对经济发展的重视要求全国范围内维持基本的稳定，以配合经济社会的发展需要。这也是近年来，国家不断推动农村社会组织发展的基本背景。

上述对中国政治结构的分析，特别是农村政治结构演变所进行的简单的梳理呈现了农村社会工作实践的政治环境。在这一条脉络的历史线索之中，可以看见政治结构的变化影响着国家与社会的关系，进而影响着农村社会工作的开展与实践。

二、农村政治环境与农村社会工作

农村社会是农村社会工作实践的场域，其中农村的政治结构作为农村社会结构中最重要的一部分，直接影响甚至决定了农村社会工作的实践与发展。同时反过来，农村社会工作的发展亦会在一定程度上影响农村社会的结构，进而影响农村政治。第一，国家与社会的关系决定了农村社会工作得以实践的空间。国家与社会的关系是农村政治结构中最重要的内容之一，前者构成了农村政治结构最为表征的特征，即国家/政府是否包揽了一切社会事物。在"总体性社会"之中，政府包揽了农村的一切事物，从控制生产到支配生活，意识形态的教化与控制完全排斥社会工作所倡导的人际关联模式。在此背景下，农村社会工作不可能有任何滋生和发展的土壤。当且仅当国家部分退出农村社会事务的管理，农村社会工作才有实践的空间，其不仅允许个体农民之间存在多元化的人际关联，同时也认可包括社会工作者及其机构在农村社会管理事务中的地位与作用。第二，农村政治的需求决定了农村社会工作发展的规模与方向。农村政治的需求通常是国家在实践农村社会管理过程中所产生的需求，这种需求的性质及大小将在相当程度上影响了农村社会工作的发展。在国家实践"以工补农""工业反哺农业"的战略之前，国家主要是从农村汲取资源，在这一过程中，农村政治的需求是保障这种汲取的有效性。而国家实践"以工补农""工业反哺农业"的战略之后，此一时期，农村政治的需求便是落实民生工程，维持农村社会的和谐稳定。这种政治需求的转变为农村社会工作的发展创造了契机，即农村社会工作固有的社会功能契合了当前国家对农村社会管理的需要，这将进一步推动农村社会工作在加强民生服务、消除社会不稳定因素方面取得长足发展。第三，农村社会工作的实践反过来亦会影响农村的政治结构。社会工作的发展在帮助案主个人改善生产生活状态的同时，亦会进一步推动农村社区的发展。在此过程中，农村社区内的自组织能力会进一步得到加强，以平等、互助为基本理念的社会实践将有助于国家推动农民自我决策、自我监督等自治理念进一步得到落实，这在促进农村社会管理体系得到完善的同时，亦将加快我国农村的民主化进程。

三、我国农村社会治理的体制

第一，"村民自治"的社会基础。在中国传统自然村落中，地方自治是以血缘、亲缘、地域关系为纽带的，由此形成一个相互联系的熟人社会。在这个熟人社会里，人们有着共同的利益和规范，相互间有着广泛的信任和合作，从而结成紧密的社会关系。村庄内共同价值观念、生活习惯以及秩序基础等对村落内部的人员形成一种无形的约束力，村民自治就是建立在这样的基础之上的。正是因为这种无形的联系，使村民之间的利益具有关联性，将村民联系在一起，相似的价值观念、生活习惯促进了村民之间的信任感。基于这种共同的社会基础和无形的社会联系，村民自治才成为可能，村民才会推选出村内精英组成村民委员会，建立权威集体并赋予其相应的职权。如果没有村民之间的社会关联，则不仅难以组成有效的精英群体，而且村民自我管理、自我教育、自我监督也会名存实亡。第二，"村民自治"的政治主体。按照费孝通先生的观点，中国传统政治的结构是国家—士绅—农民的三层结构，士绅阶层在连接国家政权和乡村权力方面起着重要的桥梁作用，中国传统社会中的士绅相当于今天的乡村精英，通过这个力量，中央政府的意志可以传达到乡村社会，乡村权力通过士绅延伸到乡镇政府。在当前中国农村，乡村治理仍然需要精英群体的支持，精英治理是我国当前村级治理走向群众自治的过渡时期，其存在仍然具有重要的现实意义，有其存在的客观性和合理性。第三，"村民自治"的理想归宿。开展村民自治之后，村庄成为具有自主性的权利实体，赋予村庄作为独立的主体运行与国家进行对话和博弈的权利。只有使农民的主体地位得到巩固，才能改变村民自治组织在国家与农民关系中的被动、单向、内敛地位。村民自治的重要意义就在于培育村民的民主意识和权利意识，只有村民自治组织作为一个真正独立的利益主体，在涉及村庄利益事务的谈判时，在发生利益转让或者利益交割时，村民自治组织对国家权力、对村庄利益的侵占才具有讨价还价的能力。只有这时，村民的主体意识才能真正得到激发，村庄对于村民来说才真正具有属我的意义，基层民主建设才具有内生性的根基，村级治理才能逐渐从精英主导向大众主导转型，实现从"行政嵌入"向"村庄内生"的转换。

四、"村民自治"的个体化困境

农村过疏化导致政治过疏化，政治过疏化导致村民自治的社会基础弱化、村庄精英群体流失、村民自治受到严重的冲击。这一切使今天中国乡村社会普遍存在着村民身份模糊、村民自治政治主体原子化、自治意识淡薄、利益主体分割、自治精英群体缺乏等现象。第一，农民身份模糊。农村社会分化导致农民职业分化、贫富分化、利益分化、利益主体多元化、利益诉求多元化，农民的身份呈现出多样化的特征。这使当前农民群体中既存在传统意义上的小农，也存在农民工以及新型职业农民，他们的经济角色、生活方式以及思维观念都有巨大的差异。第二，政治主体原子化。近年来，随着农村人口迁移及农村过疏化现象的出现，村庄与村民、村民与村民之间的联系也日益减少并走向疏离。土地流转使农民获得了更强的经济自主性，村民对村庄和土地的依赖感逐步减弱。村民内部的利益取向出现了分化，利益不相关导致村民在参与村务的过程中缺乏主动性和积极性，表现为被动、冷漠和敷衍状态。农民和村落的疏离及农民和农民之间的关联度减弱，村民变成以家庭为单位的孤立的个体组织，乡村社会的政治主体逐渐走向原子化。随着部分村庄外来人员增多，村域中产生新的群体，村民的社会地位出现分化，农村社会结构发生了变化，"熟人社会"逐渐变成"半熟人社会"，代际关系逐渐疏离化，交往对象逐渐多元化，村民联系的纽带如血缘、亲缘、地缘等被削弱，业缘关系、经济关系等新生因素开始被塑造。第三，乡村治理精英流失。农村居民是民主政治建设的主体，村民中的青壮年是村民自治的关键群体。然而，在人口迁移过程中，大量农村人口向城市转移，致使基层民主建设的权力主体流失，特别是大量农村精英的流失，即一些了解农村实际、年富力强、经验丰富的农村社会精英向外迁移，掏空了村民自治的中坚力量。留在农村的儿童、妇女、老人等，受知识水平、信息获得能力与途径、时间、精力等条件限制，其主动学习意愿和学习能力、民主意识和民主参与技能明显偏低。在基层组织管理人员内部掌握权力的村委会干部素质参差不齐，老人、妇女、儿童无力争取自己的正当权利。对于村民来说，基层政权组织缺乏足够的民主竞争对手和较高素质的候选人，村民的选举热情降低，广大村民对村务管理和决策的参与度偏低，这大大"降低了基层政权结构的质量和组织效能，不利于村民产生对基层政权的认同和服从的民主意识和公共精神。"基层政权结构效能的下降势必会加剧留守村民的不信任感，从而弱化村民的权利意识，影响基层民主建设的发展。

五、政治个体化背景下的乡村治理

在农村经济过疏化背景下，农村社会出现职业分化、贫富分化、利益分化，农民的个体化趋势制约了农村基层民主建设的发展，要求农村社会治理模式走向多元化共治的格局。在当前农村建设中，撤乡并村与新农村建设、农村社区建设、城乡统筹与一体化等多种制度同时实行，促使乡村治理主体走向多元化。如何保证乡村自治实效，依然是大多数农村面临的现实问题。第一，治理主体多元化。由于村民自治主体原子化，导致村民在行使权利的过程中表现为消极地行使选举权、监督权，以敷衍的态度参与村务民主管理和决策，呈现出一种"政治冷漠"的态度。从根本上来说，造成这种现象的原因在于，村庄利益驱动力太弱，由于外出务工人员增多，部分新生代农民工有在城市定居的打算，农民利益实现的场域开始脱离乡村转移到城市，处于理性自利型偏好选择对村庄政治的关注偏低。

因此，实现村民自治就必须尊重农民主体性，使之成为村庄利益和村民利益紧密联系起来的纽带。第二，治理方式多样化。我国农村地区差异很大，农村社会结构、产业结构变迁，非农化和城市化程度都有所差异，在社会变迁中呈现出的地域差异要求我国村民治理采用不同的方式。随着土地的流转，因人员流动、社区内外来人员的增加，农民多余住房的出租使农村出现了"食租阶层"，大量土地被征用和非农化使用，农民失去土地这一生产资料，改变了传统的生产、生活方式。农村本身的发展和城市就业政策的改革，促使农村户籍对村民的吸引力呈现出差异性，从政府治理方式转变上来看，"管理体制和方法发生调整和改善，农村需要新的管理机制和方式；城市和村域内的产权边界和公共物品提供需要重新定位；农村保障（包括各种程度的农保、农村低保和养老保险等）与市民保障体系需要衔接等。"乡村人员流动后的复杂性，城乡生产生活方式、价值观念等方面的冲突，要求乡村结合当前实际情况调整治理模式。利益格局的调整及阶层分化直接影响农村政治参与状况，对乡村政府政治动员方式提出新的挑战。第三，培育新型政治文化。在农村过疏化的过程中，"政治民主化变迁渠道狭窄、变迁速度慢，村民的政治观念易受传统文化中不良因素的影响，如人治思想、被动参与、顺从文化等，村民的民主意识和参与能力不易提高，影响村民民主参与的效能"。广大农民行使民主权利，实现当家作主，既需要宪法和法律对广大农民民主权利的保护，也需要广大农民具备良好的民主意识、公共精神和民主能力。农村基层民主建设的巩固和发展离不开村民的民主意识和民主参与能力，离开了这两个基本要素，基层民主必然运转不了。当前中国农村思想观念还普遍较为保守和落后，特别是留守在农村的人员，由于其文化水平较低，交往面狭窄，先进思想文化难以传播开来，对农民基本政治权利了解有限。因此，培育村民的新型政治文化就成为当前的一项迫切任务。

第二节　农村社会经济环境

一、农村经济环境的概述

经济环境是一个复杂的多维系统，一般是指社会物质生产和再生产过程中的一切条件和影响因素。

（一）农村经济体制改革

在市场经济发展的今天，单门独户分散经营的方式已经很难适应市场经济的发展的需要，农业产业化改革开始提上日程。一是市场化，以市场机制来进行资源分配、生产要素优化组合和产品的购销等。二是要实行区域化种植，形成比较稳定的生产基地，以便于管理和生产稳定。三是专业化，即生产、加工、销售和服务专业化。要求把小而分散的农户组织在一起进行专业化生产。四是规模化，即生产经营要达到相应的规模，达到一定的产业化标准。为中农业走出困境，农村经济实现第二次飞跃提供了良好的思路。将农户与市场联系起来，解决农民增产不增收的现实问题。另外，农业产业化还能在一定程度上缓解农村剩余劳动力的转移问题，吸收部分农村人口就业。

当前，中国农村城镇化程度提高，很多地方出现了土地抛荒现象，土地资源浪费现象普遍。其次，农业科技水平提高的难度较大。

（二）农村经济发展所面临的困难

第一，抵御市场风险的能力非常低。首先，单家独户生产规模零散化，规模效益难以形成，各地的生产大多处于低水平重复生产。其次，在中国农村大部分地区，农业结构存在盲目调整等现象。农民在选择生产时不能准确预测市场，导致农产品"大小年"的现象。再次，农产品生产标准化程度低，专业技术人员少，生产技术多是沿袭传统的种养和管理方式，不能实现标准化生产。尤其是随着国际化水平的提高，不断出现的外贸壁垒和绿色食品革命，对进出口农产品提出了更加苛刻的要求。第二，地区间差异大。总体上看我国东部地区的经济发展快于中西部地区。东部农村地区第二三产业的发展较快，农民收入高于中西部地区。第三，农村劳动力过剩和转移问题。现实的情况是，这些"农民工"从农村走入城市的人面临很多困境。首先受教育和培训的机会较少，知识严重缺乏，在城市就业困难，收入较低；其次，物质生活条件很差。第四，产业结构不合理。长久以来，以农哺工，重工轻农的国家政策导致农业发展远远落后于工业，农业在一种封闭的环境下自我发展，农业内部发展结构不合理。

二、农村经济环境与农村社会工作

（一）农村经济环境对农村社会工作的影响

纵观社会工作的缘起与发展的历史，经济的变革起到重要作用。经济发展给社会结构带来巨大冲击，解决社会问题的新思路被不断提出来。同样，农村社会工作的重要目的之一是解决农村社会问题，也就是说农村经济发展中所产生的众多问题能够促使农村社会工作更广泛的应用。农村经济的发展为农村社会工作的介入提供了可能。改革开放以来，农村经济的发展在保证农民物质条件丰裕的同时也给农村带来发展更高层次需求的可能，良好的农村经济环境为农村社会工作的产生和发展提供了一片沃土。农村经济环境能够为农村社会工作的本土化提供依据。将社会工作引入中国农村，就是要借鉴这种方法来解决当前农村面临的众多问题。从这个意义上讲，正确理解中国农村的经济环境，对于社会工作本土化具有非常重要的意义。

（二）农村社会工作对农村经济发展的作用

在当前中国农村发生巨大变化的过程中，农村社会工作为解决农村经济发展中的困境起到了积极的作用。宏观层面，农村社会工作促进农村经济发展的宏观方面主要体现在社会工作者作为政策影响者所发挥的重要作用。当前农村经济发展过程中的许多问题是由制度因素造成的，农村社会工作者应该将这些问题反映给政策制定者从而从根本上解决这些问题。另外，农村社会工作者还承担着政策咨询和政策研究等相关工作。中观层面，农村社会工作促进农村经济发展的中观方面主要体现在农村社区工作。社区工作最早在城市中开展，后来鉴于许多发展中国家农村的社区贫困问题，全球兴起了社区发展运动，于是逐步运用于农村，通过有计划地引导社区的发展来解决农村的经济社会的落后问题。微观层面，农村社会工作能够以个人和家庭为着手点，通过对个人和家庭的调适，达到促进农村经济发展的目的。第一，培育新型农民。新型农民指的是有文化、懂技术、会经营的农民，由传统的具有小农意识、只会生产劳作满足个体家庭的消费到成为有目标、有知识、有道德、有组织的新型农民，是农民面临市场经济的必然选择。新型农民不仅应该具备熟练的生产技巧技能和一定的经营管理能力，也要具备较好的社会素质。第二，帮助解决农村留守家庭和留守人员问题。农村家庭普遍承担着农业生产、子女教育和赡养老人的重要职能，但是留守家庭因为失去青壮年劳力而无法完成这些功能。在农业生产上，最主要的农业生产者变为妇女，甚至是老年人和儿童；在子女问题上，由于长时间处于留守状态，留守儿童缺乏照料，在不同程度上影响到其身心发育。农村老年人、妇女和儿童是农村社会工作重要的服务对象，留守老人、留守妇女和留守儿童更是农村社会工作者应该关注的群体。第三，为进城务工的农民提供服务。农村社会工作者对进城务工农民提供服务主要有以下两方面：首先，在农民外出务工之前为他们进行技能和法律等方面的培训，使他们能够尽快融入城市当中去；其次，在农民返乡后，为他们的创业提供帮助，农村社会工作者成为资源的中介者和服务的提供者。在社会转型时期，西北地区农户经济行为的这种二元结构推动了该地区农村社会的全面变迁。在市场经济的推拉作用下，城镇化有力地推动了农户家庭实现发展型生产，并为农户满足发展型消费提供了条件，伴随着社会转型的持续，使农村经济呈现出"过疏化"特征。

第三节　农村社会文化环境

一、中国传统乡村文化的基本特征

　　第一，家法宗规的重要作用。以家法宗规为基础的人伦关系是维护封建帝国稳定的基础，也是封建国家的产物。乡村家法宗规规范着个人的行为，维持着农村的社会秩序。家法宗规来自老祖宗传下来的礼俗，每个村庄礼俗各不相同。在传统中国乡村社会，家法宗规起着巨大的作用，它相当于一种无形的法，约束着家族和宗族成员。在这种有着严格尊卑秩序的乡村社会里，个体成员依附于家法宗规，家法顺从于宗规，传统中国农村社会是以家族聚落而居，一个村庄相当于一个家族势力，血缘关系、族谱、族田、族规、族祠、族产、族长等有形的宗族力量无处不在。改革开放以后，随着人员流动，村界被打破，村与村之间、村与乡之间的流动加强，传统的家法宗规进一步遭到了分化、融合，各个区域呈现出不同的特征。按照贺雪峰的观点，可以"将中国农村分成三大区域类型，即南方团结型、北方分裂型、中部散型村庄"，也就是说南方团结型是指在南方乡村社会存在一个较强的宗族势力，这一力量对村民起着强大的约束作用，一个村庄往往以姓氏为区别，同族人相聚而居，村庄内部形成强大的整体，而在中部农村则由于现代性因素较多地渗透进来，村民较之于南方村民更加具有个体化、原子化，较少受家族宗规的约束，北方分裂型村庄介于二者之间，但是同一村庄内部的这些小亲宗之间形成竞争。

　　第二，乡规民约对传统村庄的影响。农民都自觉不自觉地按照传统的乡规民约办事，在日常生产和生活中，在这个封闭的乡村社会里，王朝更迭与"日出而作，日落而息"的生活习惯并没有多大关系，只是交了足够的税和完成了服兵役便万事大吉，社会的变迁也很难影响到传统乡村"男耕女织""二牛抬杠"的生产方式。正如马克斯·韦伯说的，中国传统农村在几千年来几乎处于静止状态，乡规民约延续了几千年并无太大变动，农民的生活方式也在不断沿袭着前人的轨迹，保守性、封闭性可以称为传统中国农村的真实写照。在这样的社会里，人们相互熟悉，知根知底。遵守这些乡规民约的人会得到大家的认可和尊敬，被认可为"局内人"，彼此之间的关系就会融洽得多，而违背甚至破坏这些规矩的人则会遭到大家的孤立、排挤甚至惩罚。新中国成立后，特别是改革开放以来，农村社会的乡规民约发生了重要变化，并非乡规民约对村民的行为约束力弱化，而是乡规民约纳入了新的现代化因素，发生了现代转化。

　　第三，思想观念的影响。传统中国的思想观念具有保守性、封闭性和经验性等特征，在乡土中国这个熟人社会里，村民对集体有一种心理上的认同感、归属感，小农意识强烈。在传统农村社会交通不发达，自给自足的自然经济条件下，农民很少与外界交流，村民的市场交换行为限于初级产品交换，对外来文化、外来物品持有排斥和怀疑态度，村民相互交往的对象也仅仅限于一个村或者相邻几个村的村民。这种环境下乡村形成了一种较为封闭的文化特性，农民的思想观念也较为保守、务实，表现出小富即安、安土重迁的思想，如"日求三餐，夜求一宿""金窝银窝不如自家的狗窝"等俚语可以折射出乡村村民保守的价值观念。在传统农村社会，读书人的地位很高，读书为官的思想在农民的头脑中根深蒂固，而这些读书人即使只是秀才也会受到乡里邻间的尊敬，对于成为官老爷的人则充满了无尽的羡慕和推崇，对不愿意种地而做生意的农民说成是"不务正业""投机倒把"。"传统农民为了维持基本的生存，不敢冒风险采用新品种、新技术等新的农业生产方法和技术，他们的心理和行为是比较保守的、稳定的、务实的。同时，由于农民整体文化水平较低，思想观念的保守性和信息的闭塞无法有效地预测社会的变化，他们对新事物的接受表现出普遍的观望性和滞后性，于是形成了农民安于现状、不尚开拓创新的文化心理。"如大多数人不愿意离开故土冒险追求更好的生活，除非灾难来临，农民才会离开故土，外出谋生。新中国成立后，农村社会被整体纳入国家的行政系统，农村社会传统的思想、习俗、习惯等遭到了强烈的冲击。农民的行为趋于理性化、乡土人情日益淡漠、代际关系日益疏离，传统民族节日逐渐失去了得以传承的基础，习俗礼仪、生活方式等日趋现代化。总的来说，转型中的中国乡村社会，旧的价值体系正在瓦解，而新的价值体系还未建立起来，这正是当前农村社会文化建设面临的严峻任务。

二、农村文化环境的概述

（一）农村文化的特点

中国农村文化具有传承性、差异性、变革性、内聚性等特点。传承性：农村文化的传承性是指农村文化的发展具有历史的继承性和连续性。没有文化的继承，就没有文化的积累。中国的传统文化在农村地区的根基比在城市地区更加稳固，对农村地区的影响也更加深远。差异性：中国具有庞大的农民数目和广阔的农村面积，不同地区的农村文化具有非常大的差异，例如单单在饮食上就有"南甜北咸东辣西酸"的说法。变革性：农村文化本身是一个动态的概念，不是一成不变的。因此除了具有地域特征外，它还有浓烈的时代特性。农村文化不仅仅包括传统文化，在时代变革的今天，全球性和现代性同样渗透其中，可以说传统农村已经不复存在了。也正是基于这样的背景下，农村的生产生活方式和思想观念不能以固有的理念来开展农村社会工作。内聚性：农村文化的内聚性是指农村文化能够使村民产生普遍认同，能够形成凝聚村民的内聚力，对农村的社会关系起到整合的作用。农村文化之所以有这样的内聚力是因为在农村，人们有着相同的历史文化积淀而形成的风俗习惯，村民有着相同的文化基因。

（二）农村文化的作用

农村文化的作用具体表现在以下五个方面：第一，农村文化是维系农村社会关系的重要纽带。随着社会分工的细化，业缘关系在人类的社会关系中也占据着越来越重要的作用。相比较城市社区而言，农村社区作为一个人情社会的特点更加明显，传统的风俗习惯、道德观念等使得农村社区居民之间的社会关系更加紧密，这体现了农村文化的内聚性。第二，农村文化是农村居民社会化的重要途径。农村社区作为农村居民生活的主要场所，在农村居民的社会化过程中起着非常重要的作用。通过对农村文化的延续和继承，农村的规范和知识得以积累，推动了整个社会的进步。第三，农村文化是农村社会控制和社会整合的重要手段。有了农村文化，农村居民便有了行为标准，违反这种标准付出的代价有时不一定是承受法律的制裁，而是接受舆论的压力。第四，农村文化是促进农村经济社会全面发展的重要保障。同样，农村文化也是农村经济社会发展的重要软实力之一。在发展生产和增长经济、保证农村居民生活水平提高的同时，满足农村居民的精神需求和文化需求也同样重要，而这一重要手段就是营造一个良好的农村文化环境。农村文化是农村居民所创造的，它发挥农村居民创造力和主体性的同时，也成为满足农村居民精神需求的重要工具。第五，农村文化是宣传农村的重要媒介。近年来伴随着农村社会开放程度越来越高，农村文化也渐渐走进大众的视野。无论是新兴的农业生态旅游，还是荧屏上频频出现的乡村类电视节目，农村文化给我们传递出了一种和谐、发展、富裕、文明的新景象，这也是打破城乡之间隔阂的一个重要宣传手段，使越来越多的人开始关注农村的发展。

（三）农村文化建设存在的问题

在以城市化和工业化为标志的现代化发展的作用下，农村逐步打破传统的自我封闭状态，农民的生活中处处打上商业化和市场化的印记。农村文化建设作为农村发展的重要组成部分，为农村发展提供"软实力"等方面发挥了重要作用。但是，在农村文化建设取得巨大成绩的同时，仍有很多问题是不能忽视的。首先，信仰缺失和文化贫穷现象频出。首先，由于各种因素的限制，很多地区缺少接受先进文化的途径。虽然，农村受到外来文化的冲击没有城市那么集中和直接，但随着城乡文化交往的日益频繁和深入，外来文化对农村的影响日益显现出来。城市文化作为强势文化，使农村产生了与自身经济社会发展相异的文化，既动摇了传统文化的根基，又没有形成良好的新农村文化。其次，文化差距逐步拉大。在城乡二元制的背景下，近年来城乡文化的差异性逐步拉大。城乡差别不仅表现在以传统的基本生活无保障的生存性经济贫困，更多地表现在信息缺乏、文化教育落后、农村人力资源的流失和社会资源与支持网络不足。近些年来，农村文化建设取得了很大的成就，但是与城市文化的发展相比仍有很大差距。最后，农村文化陷入边缘化。在受到城市文化排挤的同时，农村文化也没有获得农民自身的认同，由此呈现出边缘化发展的态势。

三、农村的文化环境与农村社会工作

（一）农村文化环境对农村社会工作的影响

社会工作在中国农村有着深厚的文化及社会基础。社会工作在中国农村同样具有很深的文化及社会基础，如在中国传统农业社会中早就存在赈灾、养老、善举以及义诊等救济贫困的活动，涉及的老年人和儿童也是现代社会工作所关注的重要对象。农村文化建设为农村社会工作提供了重大机遇。改革开放以来，农民的生活态度、价值观念和行为方式等都发生了巨变。大众传媒和高速拓展的信息渠道都将外界的知识渗透到农村。传统文化和现代文化的碰撞成为农村社会工作发展的重要动力。正是因为有着新旧文化的碰撞，塑造良好的农村文化环境更是为农村社会工作提供了重大的历史机遇。尽管农村社会工作的起步较晚，但是为广大的农村社会工作者提供了一个巨大的舞台。中国的社会工作也只有在农村中发挥应有的作用，才能真正实现社会工作本土化。

（二）农村社会工作对农村文化环境建设的作用

社会工作介入是促进农村文化环境建设的重要力量。农村社会工作的介入能够提高农村社区服务特别是文化服务的水平，农村社会工作的介入能够为农村文化建设的主体——农民提供能力建设。社会工作者通过对农民能力的激发来实现农民的增权，使农民更有能力改善农村文化环境，建设农村社区。最后，社会工作的介入还能够对农村文化建设起到资源整合的作用。农村文化经历了从传统文化的解构到新文化重建的变迁过程，在此过程中，农村传统文化与现代文明相互碰撞、融合在所难免。当代中国农村仍处于由传统向现代社会的转型过程中，农村文化的构建成为当代中国的重要任务。在农村社会建设的过程中，文化的转变和重构是最深层次的，同时起着巨大的影响、指导的反作用。

四、多元并存的新乡村文化

随着中国农村社会文化变迁日趋明显，农村社会逐渐从费孝通所说的熟人社会进入半熟人社会，在这个半熟人社会里，原来的乡土特征被新乡土特征取代，现代文明因侵入乡村社会，村庄社会成员逐渐原子化，村民的主体感、归属感以及地方性共识逐步丧失，人际交往趋于工具化，形形色色的乡村亚文化在乡村社会蔓延。从某种意义上来讲，贺雪峰的观点描述当代中国乡村社会现状具有较强的解释力。在中国乡村社会，随着人员流动日益频繁，农村"空心化"越来越严重，以社会关系为基础形成的"差异格局"关系网络中，社会人员的不断流动逐渐淡化了人与人之间的传统关系，村民之间的关系不再是一根根私人联系所构成的网络，反而是身份各异、收入差距、文化程度以及思想观念各不相同的原子化个体，人们之间的认同感降低，也就是"自己人"的那种依赖感和归属感逐渐消失。在农村人口原子化的大背景下，乡村社会组织也在走向瓦解，人与人之间从熟悉逐渐走向陌生，从前在乡村看着长大的孩子，在外出务工期间，每年可能只是在农村暂住几天，有的甚至一年只回来一次，乡情就被逐渐淡化了。在半熟人社会，随着家族成员的原子化，家庭组织、家族势力也逐渐瓦解，家族式血缘共同体被业缘、趣缘共同体代替，与之相伴的家法宗规、伦理道德对家族成员的制约力量逐渐削弱，基于家族关系、血缘关系形成的家族情感也渐渐淡化。

随着市场经济的发展，中国的工业化水平不断提高，乡村社会传统人情关系、生活方式、思维方式、消费习惯开始逐渐渗入现代性因素，现代文明的工具理性原则逐渐代替传统社会价值理性和非理性原则，乡村温情脉脉的人情关系逐渐被基于正式制度的现代人际关系所取代。从乡村社会的人情消费方面来看，现在农村普遍存在着面子竞争和消费攀比的怪异现象。不仅在人情消费方面，在教育观念、乃至娱乐活动方面，乡村也出现了一些耐人寻味的现象。如传统中国农村十分尊重和重视教育和知识分子，然而，随着高等教育收费制度改革和大学生就业制度改革，以及大众传媒对就业难的传播，农村中普遍存在一种"读书无用论"的思想，这种思想导致人们对大学生群体的认识发生了很大的转变，而打工赚钱则逐渐成为人们的选择。在盲目崇拜城市文化的现实状况下，农民个体对乡村社会的归属感、当地感日益迷失，乡村社会文化出现了精神荒芜和伦理变异，导致越来越多的人转向其他途径寻求精神慰藉。

五、乡村多元文化的影响

当前农村文化处于新旧并存过渡形态中，乡村共同体逐渐式微，村规民约、家法宗规对村民的约束力日益减弱，但是符合现代化建设的新的社会规范和秩序尚未建立，这就难免使人们的价值认同陷入混乱。因此，有效推动农村文化建设可谓是当前的一项紧要任务。在当前时期，传统规范与制约的实效与新的制度没能同步建立，乡民的价值观念、道德信仰不可避免地陷入迷失状态，从而使社会秩序出现混乱，社会关系发生变异，在一些地区甚至出现"集体败俗"的现象，甚至可能引发犯罪率上升、心理疾病发生率增多等社会问题。原子化的村民由于失去了精神上的依托，集体认同式微的不安定分子在社会上游荡，造就了一个缺乏确定性和充满风险的生存世界。这不仅对于建设社会主义新农村具有极大的消极影响，同时也对整个社会的发展和稳定团结造成负面影响。在这场社会变革中，农村的社会结构和生活方式发生了颠覆性的改变，现代经济理性思想和人口流动作为一种强大的力量冲击着传统农村社会共同体，瓦解农村的社会组织和传统文化的根基，从而影响着村民的归属感和乡村的整合度。传统社会秩序赖以维系的道德体系、信用结构以及伦理道德如果完全崩塌，村民如果失去了共同遵守的价值体系，乡村社会整个运行将会处于一种不稳定的情境中。文化变迁以及由此而来的文化多元化，不仅瓦解了乡村沿袭风俗、价值观念，同时也是为农村社会融入新鲜血液，新旧文化不断交融的过程。也就是说现代文明在对传统乡村文化冲击的过程中，并不应该对传统农村文化整体否定，而是通过消解传统文化来降低其影响力和号召力，从而使新旧文化实现整合，即通过重建乡村文化、重塑乡规民约来抵消乡村共同体式微的现象。可以通过开展多样化的娱乐活动，如民间戏曲、舞蹈、秧歌、腰鼓等，弘扬民俗节日，如划龙船、踩高跷等，以此来填补村民的精神空虚状态。

第三章　农村社会工作的具体内容

第一节　农村社会组织工作

一、农村社会组织的概念

所谓组织，就是人们为了达到特定目标而有计划地建立起来的具有比较严密结构的制度化群体。而农村社会组织是指在农村社区中人们按照一定形式建立的，执行一定社会职能、完成特定社会任务的共同活动群体。它具有一般组织的共同特征：第一，具有特定的组织目标，即该组织试图实现的一定事物的期望状态。组织目标是确定组织活动方向的基础，是衡量组织活动和效率的标准；第二，具有正式而比较明确的规定，即人们通常所说的组织章程和规章制度。它比较明确地规定组织的性质、目标、机构、纪律、管理形式、成员资格和权利义务等，同时规定成员所处的地位和成员之间的分工合作关系以及行为准则；第三，具有一定的权威体系，即通过设计权威中心和权力地位的分层网络体系来控制、指挥和完成组织的活动，使组织成为实现组织目标的有效机构，而组织成员的角色化，要求成员按角色规定去行动，而不是各行其是。

二、农村社会组织的发展趋势

第一，农村组织的自治性、独立性、自主性越来越突出。目前，我国绝大多数农村地区都已建立基层群众性自治组织——村民委员会。村民委员会的发展经历了由上级委任产生，到上级委任与村民推荐相结合产生，到村民选举上级批准产生，再到完全由村民直接选举产生这样一个过程，这个过程反映了农村将完全由村民自己依法治理的趋势。但是，由于基层民主建设的复杂性，使村民委员会在很大程度上扮演了乡镇政府下延机构的角色，村民对村务全面、彻底的自治在很多地区还没有真正实现。自国家提出了加强基层民主建设的要求，随着政治体制改革的进一步发展，可以预见，今后村民委员会的自治性将会得到更加充分的体现。

第二，农村的各类文化组织将会得到更大的发展。市场经济是一种竞争经济，农民要想在市场中站稳脚跟，就必须学习更多的科学文化知识，增强竞争和致富的本领。随着农村经济的发展，农民物质生活条件逐步改善，农民的精神文化需求将会越来越高。农村文化组织的基本功能，恰恰就是为了最大限度地满足这种需求。因此，必须加快农村各类文化组织的建设与发展。

第三，农村各种经济组织进入快速发展轨道。当前，农村发展的首要任务仍然是经济的发展。在农村经济的发展中，各种农村经济组织不断涌现，并发挥着越来越重要的作用。农村中的乡镇集体企业、私营和个体企业，无疑是农村经济发展的重要力量。尤其值得一提的是，各类农村专业合作经济组织，如农村专业合作社、农村行业协会等，作为现代化生产和市场经济催生的、农村居民针对农业及其他产业的专业化和社会化要求而联合组成的民间组织，对于组织农民、整合资源、沟通市场、降低劳动成本、提高竞争力起到了其他组织不可替代的作用。随着其功能的更加完善、作用的充分发挥，今后加入这些组织的农民无疑会越来越多。

三、农村村级党团组织建设工作

（一）村级党团组织的性质

村级党组织（在农村的具体组织形式为村党支部或村党总支、村党委）是中国共产党的最基层组织，也是党在农村的前沿指挥所，必须坚持党的性质，始终做到"三个代表"。村级党组织是农村经济、政治、文化和社会生活的领导核心，对农村事务进行思想领导和政治领导。村级党组织在党内的基础地位表现为：第一，它是党的最基本的组织单位，不仅要在纲领上，而且要在行动上体现党的性质和作用；第二，它是党在农村的力量增长的主要源泉；第三，它是农村社会关系的协调者和农村内部纠纷的调解者；第四，它是党密切联系农民群众的纽带。

（二）村级党团组织的主要职责

村级党组织的主要职责：宣传和贯彻执行党的路线、方针、政策，宣传和贯彻执行党中央、上级党组织和本组织的决议，发挥党组织的战斗堡垒作用和党员的先锋模范作用，支持和协助村委会完成本村的各项工作；管理党小组和村委会、村级群众组织的党员干部，管理、监督党员，督促党员认真履行义务，保障党员权利不受侵犯；做好村民的思想政治工作，推进农村精神文明建设；了解、反映群众意愿，维护群众的正当权益，帮助群众解决实际困难。培养、教育、考察入党积极分子，做好发展党员的工作；支持和配合村民委员会、村民会议、村民代表会议依法开展工作；领导同级群团组织，支持这些组织依法依章独立负责地开展工作。

村级团组织的主要职责：加强对农村青年的思想政治工作，为培养农村"四有"新人发挥积极作用；带领农村团员青年积极工作，为农村社会主义建设发挥生力军和突击队作用；加强对团员的教育和管理，做好团组织的经常性工作。

（三）加强村级党团组织建设的途径

深化农村体制改革、发展市场经济和社会化大生产，促进了农村社会的逐步转型。在农村社会的转型中，农村村级党团组织面临着严峻的挑战和考验，在新形势下，为了农村的进一步发展，必须大力加强村级党团组织建设。

第一，认清形势，树立信心，与时俱进，迎接挑战。建设中国特色社会主义是一项前所未有的伟大事业。在这场事业中，改革开放和市场经济的推进，使人们在享受发展成果的同时，也带给人们新的问题。村级党团组织必须清醒地认识到这一点，否则更无法解释农村社会中的新现象、新问题。村级党团要在农村社会转型中加强村级党团组织建设，必须首先解决认识问题。只有认清形势，树立信心，与时俱进，迎接挑战，村级党团组织建设才能有新的发展。

第二，牢记宗旨，加强学习，提高素质，增强本领。国际形势在不断变化，社会在不断发展，全心全意为人民服务始终是村级党团组织的宗旨。要实现这样的宗旨，不断满足人民日益增长的物质、政治和文化需求，党团组织必须提高素质，增强本领。就村级党团组织来说，要树立正确的世界观、人生观和价值观，学习党的路线、方针、政策，确保党团工作有正确的政治方向；还要学习法律法规知识，将自己的活动切实纳入宪法和法律允许的范围之内；最后，还要学习文化科技知识、市场经济知识、工作业务知识，全面提高文化素质和业务水平。

第三，加强和改进对农村党团员的教育管理。农村党团成员是农村经济社会发展的中坚力量，必须加强对他们的教育管理。要对农村党团员进行多种形式的集中教育培训，通过教育培训，把他们的思想统一到党的政策上来，促使他们正确理解和执行党的农村政策，促使他们自觉遵守党的纪律和国家的法律法规，团结带领群众发展经济，共同致富，在农村建设中发挥先锋模范和带头作用。

第二节　农村社会经济发展工作

一、农村社会经济发展的内涵

农村社会并不是一个与生俱来的存在，它是相对于城市而言的地域概念，也就是说，农村在一定的条件下产生，又会在一定的条件下消亡。这个条件，就是农村社会经济的发展。"民以食为天"，人类为了生存，即为了解决吃、穿、用等的问题，才开展各种物质生产活动。有了这样的活动，才有了人类的发展，才有了人类物质文明与精神文明发展的历史，这也是历史唯物主义最基本的原理。经济发展是社会发展的基础和原动力，但社会的发展又将大大地推动经济的发展。因此，农村社会经济发展是我国整个经济社会发展的重要组成部分，也是农村在生产和生活中的重要支柱。

二、农村社会经济学科的建立与发展

农村经济与社会的发展，给农村社会经济发展的学科建设工作提出了强烈的要求并注入了强大的动力。人们为了进一步推动农村经济与社会的发展，从不同的角度和不同的层面，对它进行了长期的、坚持不懈的研究与探讨，从而建立了许多相应的学科。通常，属于第一层面的有农村经济学、农村发展经济学、乡镇经济学、农村经济政策学、农村生态学、农村社会学等；属于第二层面的有农业经济学、农业生态学、农业经济政策学、农业生产力经济学、农业技术经济学、城郊经济学、山区经济学、家庭经济学、农业企业管理学、乡镇企业管理学等；属于第三层面的有土地经济学、农村财政金融学、种植业经济学、林业经济学、畜牧业经济学、作物栽培学、农产品加工学等；属于第四层面的有粮食经济学、奶业经济学等。这些学科从不同角度与层面，揭示了农村社会经济发展的客观规律和应采取的政策措施与方法。同时，随着实践的不断发展和人们对农村经济社会发展客观规律的认识不断深化，这些相应的学科也在不断地更新与发展，农村社会经济发展工作就是在这一背景下产生的。

随着农村经济的发展，特别是随着农村第二、第三产业的迅猛发展，原来农业经济学的研究对象已远远满足不了这一崭新形势发展的要求，因而乡镇经济学、农村经济学、农村发展经济学等一批学科便应运而生。当然，这批区域经济学科的诞生，并不意味着以部门为研究对象的农业经济学寿命的结束。相反，它们之间不但不能相互取代，而且农业经济学本身也在研究的深度与广度上大大向前发展。例如，在农业经济学的基础上派生出土地经济学、畜牧业经济学、林业经济学、渔业经济学、奶业经济学等。另外，还出现了许多交叉经济学科，如农业生态经济学等。人们会发现农业经济的发展不但替代不了农村经济的发展，而且农村经济的发展还会大大促进农业经济的发展。由此，人们发现农村经济的发展也离不开农村社会的发展。在实现农村经济与社会的发展目标上，它们之间有着紧密的相互依存和相互制约的关系。为了更好地推动农村经济与社会的发展，一个揭示它们之间内在联系的、综合而又比较系统的学科——农村社会经济发展学，便在诸多农村经济社会发展学科的建立与发展中破土而出了。它的建立，标志着在更高的层面上对农村经济社会发展进行研究与探索。应该说，农村社会经济发展学所阐明的一些原理，对其他学科的研究与探索无疑将起着指导与借鉴作用，但在实践中进行具体的运用和操作，还要仰赖于其他层面学科研究成果的具体运用。

三、农村社会经济发展中的产业规划工作

目前，农村经济仍然是我国区域经济的细胞或基本构成单元，建设好自己的

村落，发展农村经济，形成有特色的农村经济，必然有利于区域经济的发展。

（一）规划要求

农村的农业产业化规划的直接目的就是发展农村经济，一般说来，农业产业化发展规划有以下几个要求：

第一，跳出农村看农村。在进行农村产业规划时，规划人员要克服自给自足的自然经济意识，把农村农业产业化规划纳入全乡、全县、全省和全国的农业产业化规划中，而不是仅仅局限于农村本身做规划。

第二，定位要准，落点要实。不同的地区农业所处的环境不同，天时、地利等优势也不同，应做到根据农村自身特点进行定位，寻找符合自己实际的农业产业化的落脚点。

第三，突出特色。当前的农业是开放型的农业，而且农产品数量供大于求，因此，农业产业不仅要突出特色，而且要强化特色。这个特色不仅是平坝和山区村落不同的特色，而是农业产业发展重点上的特色。当然这个特色是以市场需求和农村的自身条件为基础而确立和发展的。

第四，既要从长远考虑，也要有风险投资。农村产业化规划的战略定位要着眼于未来，不能只顾眼前利益。同时，规划也要有风险投资意识，农村在发展经济中，一定要了解上级农业产业化规划部门的战略考虑，主动根据农村自身的条件确立战略性产业。

（二）基础设施规划

1. 水利建设规划

农村水资源的利用和保护规划主要是：（1）平衡规划。有计划地调整农村工农业生产布局，使之与水资源的状况相适应。（2）"开源"规划。开发农村水资源，比如，涵养水源规划，通过植树种草，提高植被覆盖率，增强大地蓄水功能。还有兴建水利设施规划，搞好灌区的续建和配套设施工作，充分发挥水利设施的效益。一方面要规划好地面水库的建设，扩大蓄水能力；另一方面还要重视地下水库的建设，通过人工措施将地表水、降水引入地下储存，发挥出地下调蓄作用。（3）"节流"规划。我国农村灌溉渠系统要做好节水规划。比如，推广喷灌、滴灌技术，改进水渠防渗措施，推广薄膜覆盖栽培技术，减少土壤水分蒸发。（4）防污规划。农村水源污染和水质恶化，会直接威胁人畜健康和农作物的生长与质量。所以，要加强宣传工作，贯彻"预防为主"的方针，树立珍惜水资源的意识。还要做好水资源防污和治理的综合规划，组织相关部门和企事业单位协同参与，从源头上治理水污染。

2. 道路网络建设规划

农村道路网络是指农村公路、航道、车站、码头等基础设施组成的交通网络体系。农村道路网络建设规划是农村基础设施建设规划的重点，也是整个交通基础设施建设的基础。所以，做好农村道路网络建设规划是很有意义的。

农村的自然地形、地貌有平原、河谷、山区和沙漠四大类，所以农村道路网络建设规划主要有四种类型：平原道路网络建设规划，这是根据平原地区的特点所做的线路直、投资省、见效快的农村道路网络建设规划；河谷道路网络建设规划，由于有水系的影响，河谷道路网络建设规划是根据水陆条件综合布局的一种道路网络建设规划；山区道路网络建设规划。这是根据山区复杂的地形条件所做的道路网络建设规划；沙漠道路网络建设规划，这是依据沙丘形态特点所做的道路网络建设规划。

农村道路网络建设规划的基本原则有：第一，兼顾土地节省和运输效益原则。农村道路网络建设规划既要考虑全覆盖，提高方便程度，又要考虑节约土地，节省投资，避免浪费。只有兼顾土地节省和运输效益的道路网络建设规划，才可能综合发挥道路建设的经济效益和社会效益；第二，因地制宜原则。农村道路网络建设规划要根据农村自身的自然特点，做出水运网络和陆路网络建设规划，要因地制宜。第三，适应运输工具发展需要原则。农村道路网络建设规划一定要适应运输工具发展的需要。随着运输工具向高档、优质和多样化方向发展，农村道路网络建设规划就该适应这种趋势，提高道路网络建设规划的档次和适应性，促进农村现代化的发展。

3. 能源建设规划

第一，农村能源建设规划的基本要求。其一，因地制宜，提高能源保障水平。一方面，广大农村在能源资源分布、能源结构、农业生产条件、农民经济收入水平等方面都有很大的差异，能源建设规划只有根据当地特点，因地制宜，才能切合农村实际。另一方面，农村能源建设规划要围绕农业和农村经济结构调整来进行，切实为农业生产和农村经济建设奠定基础，提供能源保障。其二，统筹兼顾，提高效率。农村能源的开发利用与农村生态环境保护、基础设施建设、小城镇的发展、农村工业的繁荣、农民生活水平的提高等都有密切的关系，所以，农村能源建设规划必须统筹兼顾，加强对农业、林业、建筑、畜牧、卫生等方面的综合考虑，从而使能源建设规划上规模、上档次，提高能源资源开发的利用效率，充分发挥其经济效益和社会效益。其三，要有所创新，提高能源资源开发的可持续性。农村能源建设规划要本着对子孙后代负责的精神，坚持走可持续发展道路，追求农村能源资源的永续利用。这就需要坚持科学技术是第一生产力的指导思想，走科学创新之路，把能源资源开发的技术升级、提高科技含量纳入能源建设规划，实现可持续发展。

第二，农村能源的开发和利用规划。其一，生物质能源的利用规划。生物质能源包括薪炭林、秸秆、柴草和沼气，这是目前我国农村能源的主要来源。除加强退耕还林还草、扩大薪柴来源外，更要合理利用生物能，积极发展农村沼气，把秸秆的直接燃烧变成沼气燃烧，从而提高热能利用率，改变农村生活的卫生条件。其二，新能源开发规划。水能、太阳能、风能等能源成为人们越来越重视的能源，其中，水力是一种具有再生性的廉价能源。尤其是广大农村所拥有的小水电资源很丰富，发展小水电又有投资少、见效快等特点，应当积极规划开发。太阳是一个天然能源库，太阳能的开发不污染环境，有利于农业的良性循环，所以也应当加强太阳能开发的规划。风力也是一种巨大的自然能源，加强风力资源的开发是很有意义的。我国还有一些农村拥有丰富的地势资源，也是一种可供开发利用的新能源。

第三。农村节能规划。农村能源建设规划既要开源，又要节流。特别要在农村宣传节能观点，提高节能认识，推广节能措施，鼓励使用低能耗的生产机械、灌溉设备和生活用具，从而缓解农村能源紧缺问题。

四、制定和执行农村社会经济发展工作战略的重大意义

第一，保证农村经济有计划地、持续地发展。农村经济的一个重要特点是生产、建设周期比较长。种植业中一个新品种的培育、推广，畜牧业中一个畜产品基地（如育肥牛基地、瘦肉猪基地等）的建设，林业中一个果树基地和用材林基地的建设，一个大型水利工程的兴建等，需要几年、十几年甚至几十年的时间。同时，还需要有多种条件（如自然资源、资金、设备、劳动力和技术等）的保证。如果指导农村经济的发展，仅有短期计划，不制定农村经济发展的长期计划，不从根本上解决全国或某一个地区长远发展的方向、目标和道路，就必然会产生短期行为。就必然会割断农村经济发展的连续性，难以保证农村经济持续、稳定地发展。

第二，保证第一、第二、第三产业有序地、协调地发展。科学技术进步和农业劳动力不断地从农业中分离出来，这是不以人们的意志为转移的客观规律。因而，必然会推动农村以农业生产为中心的贸、工、农一体化，产、加、销一条龙的产业结构的变化。正确的农村经济发展战略科学地反映这一变化，指导这一变化，对促进农村经济全面、协调发展将起到十分重要的作用。

第三，促进农村商品经济的顺利发展。近几年，在农村商品经济的蓬勃发展中，也出现了许多新的不平衡，一些农产品出现了地区性的、暂时性的相对过剩；而另一些地区农产品又供不应求，满足不了社会需要。这些都要求政府和国家对农村商品经济的发展加强宏观指导和调控。对农村商品经济发展的宏观指导，可以通过多种途径和手段，如编制农业发展计划，按照社会需要和实际可能指导农业生产有计划地发展；通过制定农产品价格、税收、信贷和投资政策，对农业生产的发展进行宏观调节等。其中，制定全国和地区的农村经济发展战略和长远规划，有计划地建立农产品的商品生产基地，实施农业综合开发是最有效的手段之一。

从国民经济的整体需要和实际可能出发，对国民经济的发展作出科学的预测，在此基础上制定农村经济发展战略和长远规划，依此选择并建立农产品商品基地和实施农业综合开发，就能引导农村商品经济基本上按照国民经济发展的实际需要，有计划地、稳步地向前发展。

第四，促进各具特色的农村区域经济的发展。制定农业发展战略，加强对农业生产的宏观计划指导，这也是适应农村经济体制改革后经济发展形势和发挥各地农村自然、经济资源优势，建立各具特色的农村区域经济的需要。国家除了通过制定和执行年度生产计划，通过签订农产品收购合同，通过价格、信贷、投资和税收等一系列经济杠杆，引导各农户有计划地发展农业生产之外，还必须通过制定和执行农业发展战略，通过各级政府和多种手段给农民的生产经营活动以长远的、根本性的指导，才能避免农民发展生产的盲目性，才能更好地满足社会对农产品的需要，同时保护农民的经济利益和生产积极性。另外，各地农村自然、经济资源的优势不同、所处的区位不同，如都市郊区，它和一般的农村不同，也和一般的城市郊区不同。其中，近郊和远郊又不同。因此，如何充分反映它们的特征和充分发挥它们的优势，对促进农村经济的发展是十分重要的。

五、农村社会经济发展工作战略目标

农村社会经济发展战略目标，是一个国家或地区在一个较长的时期内，农村经济发展方向和目的的具体体现。因此，它是农业发展战略的核心部分。要正确确定一个国家或地区的科学的、切实可行的农村社会经济发展战略目标，一方面要从整个国民经济的发展对农村经济提出的要求出发，即从全社会对粮食等农产品和产业原料的需求出发。同时又要以一个国家或地区的自然、经济和技术条件的可能性为依据。制定农村经济发展战略目标，首先必须从社会主义市场经济的要求，即从人民的生活和国家建设对农产品（包括品种、数量、质量等）的需要及其变化出发。如果离开这些需要来确定农村经济的长远发展目标，就必然是盲目的，就会造成供不应求，满足不了需要或者生产过剩，造成积压浪费。但是，社会需要与自然资源和实际生产能力往往是不一致的。如果不顾实际可能，仅仅依据社会需要来确定农村社会经济发展战略目标，其目标非但难以实现，而且会使农业发展战略目标落空。因此，在确定农村经济发展战略目标时，必须把需要与可能两者兼顾起来，决不能偏向哪一方面。

六、农村社会经济发展工作的指导思想

农村社会经济发展工作的指导思想要遵循农村经济发展的一般规律，依据一个国家的具体国情、国力。同时也要借鉴其他国家农村经济发展的经验。一个国家的国情、国力，表现在一系列主、客观条件上。在考虑这些条件时，要应用系

统的观点来观察问题和解决问题，必须注意其整体性、联系性，防止片面性，既要考虑自然资源和自然条件，又要考虑技术和社会经济条件；既要考虑内部的自然、经济和技术条件，又要考虑外部的市场、运输和能源供应等条件；既要考虑优势、有利条件，也要考虑劣势和不利条件；既要考虑近、中期的突击发展，又要考虑长期的持续发展；既要考虑经济发展，又要考虑经济、社会、环境的协调发展等。从我国农村的具体情况出发，制定我国农村经济发展战略，主要应遵循以下指导思想：

（一）建设生态农业，实现农业的自然再生产和经济再生产的统一

农业的经济再生产过程要以自然再生产过程为基础，但自然再生产过程的效率最终要受经济再生产过程的制约，并通过经济再生产过程加以反映。为了保证经济再生产过程能够顺利、高效率地进行，首先必须使自然再生产过程进行得顺利并有较高的效率。农业的自然再生产过程是生物与环境的统一，生物和环境的发展变化都有自己的规律，只有正确认识并严格遵循这些规律，才能保证农业自然再生产过程顺利、高效地进行。所谓生态农业，就是遵循能量转化规律，充分利用来源于生物的有机物质来提高农业的产量，因而生态农业是实现农业的自然再生产和经济再生产相统一的有效途径。

（二）建设稳产、高产、优质、高效益的农业

农业生产由于受自然条件的制约和影响，与工业等其他部门相比，在经济上处于不利的地位，产量和经济效益很不稳定。当前，我国工、农业产品价格之间还存在着比较大的差异，更加剧了工、农业生产之间经济效益上的差距。近几年，农村工副业、乡镇企业和第三产业的蓬勃发展，收入较高，更使农业生产的经济效益相对下降。因此，必须把建设稳产、高产、优质、高效益的农业作为我国农村的发展战略之一。为了实现这一目标，除了从外部加强国家对农业的支援，逐步缩小工、农业产品价格差异之外，还要从农业内部挖掘潜力，加强管理，努力提高土地生产率和劳动生产率。

（三）提高农村科技水平，发展知识密集型和技术密集型产业

我国要加速农村经济，特别是农业生产的发展，必须把机械技术和生物技术密切结合起来。在生物技术方面，我国有着悠久的发展历史，有着长期积累的丰富的传统农业生产经验。在逐步发展农业机械化的同时，认真总结这些传统经验，大力发展现代农业技术，并把两者密切结合起来，发展知识密集型和技术密集型农业，是发展我国农业的捷径。这条道路，既可以迅速提高土地生产率，增加农产品的产量，又可以做到投资少、收益大，提高农业经济效益。

农村社会经济发展战略措施是农村经济发展工作战略目标的保证。因此，它

的选择应注意以下几点：第一，任何一项战略措施要能实现并发挥作用，必须具有切实可靠的可行性，即符合主、客观条件，包括体制、制度、资金、技术、劳动、管理和资源等各项条件的充分满足；第二，实现同一农村经济发展战略目标，所需采取的每一种措施往往可以有若干种不同的方案，这些不同方案的经济、生态和社会的效益，会有明显的差异。这就要事前深入调查研究，对各种方案进行可行性论证和经济评价，以择其优者而从之；第三，实现某一农村社会经济发展战略目标，往往需要同时采取若干种措施，而且这些措施又是互相关联、缺一不可的。这就要求政府在提出农村经济发展战略措施时，必须注意它们之间的配套、互相衔接，防止单一性和片面性。只有统筹兼顾、全面安排，才能保证战略措施和战略目标的实现。

第三节　农村社会稳定与调解工作

一、农村社会稳定和调解工作的概念

农村社会稳定和调解工作是指以农村社会工作的主体，为保持农村社会的正常秩序和安定和谐，运用政策、法律、经济、行政、乡规民约等手段，对农村社会中的纠纷当事人进行说服教育、协商调解，以求达到当事人之间的互谅互让，妥善调整各方面的利益，正确处理农村社会内部矛盾并缓和农村社会的矛盾及纠纷，减少各种冲突的发生。正确理解和把握农村社会稳定和调解工作的概念应注意以下几点：第一，对于农村社会稳定和调解工作，基层乡镇政府和党组织当然有不可推卸的责任，但调解工作主要依靠的还是村委会和村党支部、村民小组，以及社区村民中各种形式的群众组织、离退休干部、退休职工和其他热心为村民办事的志愿人员，他们都是农村社会稳定和调解工作的主要力量。第二，农村社会稳定和调解工作的目的和任务是保持农村社会的正常秩序和安定和谐，使村民遵纪守法，正常地生产、休息、娱乐，团结互助，共同致富，保持一个安居乐业、和谐共处的安全稳定的环境。第三，对于农村社会稳定和调解工作的过程中应注意：其一，党和国家的政策对农村社会稳定和调解工作具有指导性、原则性和导向性；其二，法律、行政等手段具有规范性和强制性；其三，经济的奖惩因与个人利益挂钩，所以见效快，但必须依法进行；其四，说服教育、协商调解是非强制性的手段和方法，人民调解是保持农村社会稳定的主要手段，但要以群众自愿为基础。

二、农村社会稳定和调解工作的特点

农村社会稳定和调解工作具有以下几个特点：首先，农村社会稳定和调解工作中的管理对象人口分散，社会结构较为松散，农村地域广阔，地理环境千差万别。

随着农村大量人口外出打工、经商、求学，农村生产方式和生活观念发生了巨大变化，给农村稳定和调解工作带来了困难。其次，国家虽然尽力在农村开展普法教育，但目前农民所掌握的法律知识还十分有限，法制观念较弱。最后，工作内容繁杂、零碎，需要各方力量综合配合。农村社会稳定和调解工作的内容繁多，既涉及婚姻、家庭、邻里纠纷，又涉及一些历史遗留的山林、土地、水源和其他资源的权属及利用争议；既涉及农村社会的治安，又涉及综合治理；既涉及单家独户，又涉及群体事件。工作零碎、费时费力，并且需要各方面力量的配合和各种手段、方式的综合运用。

三、农村社会稳定和调解工作的原则及组织形式

（一）农村社会稳定和调解工作的原则

人们在长期的农村社会调解工作中，基于农村社会调解工作的性质和特点总结了农村社会调解工作的原则。其原则也决定了农村社会调解工作的基本程序和工作制度，基于工作原则的调解工作可以保证调解质量及调解水平，也能保证广大农村社会居民的利益。农村社会稳定和调解工作的原则为：第一，平等自愿原则。平等自愿原则是指，农村社会调解工作必须建立在被调解人自愿的基础上进行，经调解达成的协议在其责任承担及权利与义务方面，也要建立在被调解人自愿的基础上。第二，合法合理原则。农村社会调解委员会调解纠纷要依据法律、法规、规章制度和国家政策进行，上述相关规则制度没有明确规定的要依据道德原则进行判断。第三，不限制当事人诉讼权利原则。农村社会稳定和调解工作不是法律诉讼前的前置程序，调解人员及当事人不得存在因调解失败或调解结果只一方满意而阻止另一当事人的上诉行为。

（二）农村社会稳定和调解工作的组织形式

1. 农村社会人民调解委员会

（1）村、居（社区）人民调解委员会：村、居（社区）人民调解委员会贴近群众，是农村社会调解组织的基本形式，其特点为基础广泛且数量大。因此农村社会也应首先建立健全的组织形式，农村社会应在现有的基础建制上完善村、居（社区）人民调解委员会的结构建设，根据自身情况建立适合的人民调解制度。

（2）农村社会乡镇、街道人民调解委员会："农村社会乡镇、街道人民调解委员会"主要是乡镇政府直属的农村社会稳定和调解工作组织形式，其主要特点是调解人员文化素质和文化素养较高，其人员组成多为退休法官、检察官、律师等。农村社会乡镇、街道人民调解委员会主要处理村、居（社区）中发生的复杂纠纷或跨地区纠纷等，同时也对其所属地区的村、居（社区）人民调解委员会的工作进行指导。

2．农村社会人民调解委员会的组成

我国在实行农村社会人民调解委员会的初期，人民调解委员会各层级成员普遍控制在 3 ~ 9 人。但随着经济的发展及农村社会情况的变化，在实际工作中农村社会人民调解委员会的组成人数也已发生了变化，农村社会人民调解委员会人数最低还是三人，但对人数的上限来说早已没有了具体的数字限制。这样可以为不同情况的农村社会的建立与自身相符的调解委员会提供宽泛的条件。例如，对于人员构成及占地面积较小的村、居（社区）设立的人民调解委员会成员人数不宜太多，组织不宜繁杂；对于人数众多，占地面积广阔的乡镇、街道、联合调解组织则需要加派人手，建立完善的上下级体系。

3．农村社会人民调解委员会的成员

农村社会人民调解委员会的主要成员为委员和人民调解员。人民调解员需要在委员会委员的领导下工作，他们的工作职责为：人民调解员要服从人民调解委员会的领导和工作安排，进行具体的农村社会中纠纷调解工作；在调解工作中要主动向调解委员会汇报调解进度及调解情况，积极参加人民调解委员会的各种活动。调解委员会的委员则需要安排工作计划及对调解员做出适当的指挥，还需要对调解中的情况进行判断及决策。人民调解员的选拔应是为人公正、有社会责任感、有群众基础、了解法律知识的成年公民。委员会委员的组成一般由村或乡镇干部及退休干部组成，委员需要对纠纷有着良好的判断能力，尽量使调解结果做到令当事人满意。

4．农村社会人民调解员的选任

农村社会人民调解员可以由村民委员会委员或居民委员会委员直接担任，也可以由村民地区的人民通过投票选举产生。乡、街道人民调解员由乡、街道司法机关聘用。地方人民调解员和专业人民调解员由设立人民调解委员会的组织任命。

5．人民调解员的纪律和职业道德要求

人民调解员的职业道德要求是：在履行职务中，人民调解员应该坚持原则，致力于调解工作，在工作中做到热情服务、诚实守信、高度自律、规范自身行为、努力学习法律知识、提高自身文化水平。人民调解员需要严格要求自己，为公民道德建设树立榜样，坚持公平、公正地对待纠纷事件及纠纷中的当事人。

四、农村社会稳定和调解工作的主要内容

（一）调解前的准备工作

在农村民间纠纷调解工作过程中，除了部分是非对错明显，纠纷情节简单的纠纷可以直接进入调解阶段或当场调解外，人民调解委员会需要在了解纠纷内容后进行纠纷调解前的准备工作，具体工作内容如下。

1. 调查核实纠纷情况

调查的内容包括：争议的性质、纠纷的核心焦点、引起纠纷的原因、发生及发展过程和产生纠纷后的当事人现状；证据及其来源；纠纷发生过程中当事人的性格特征和当事人对待纠纷的态度；其他各种影响因素和当事人的社会关系。调查和核查必须尽可能全面详细，调查的重点是对处理纠纷及还原真相的关键情节及影响因素。具体的调查方法为：第一，耐心地听取当事人的陈述，认真地分析事件发生经过及当事人心里活动，尽量做到感知当事人的真实想法和要求。调解人员必须本着对双方当事人权利及利益负责的态度，做到客观公正。第二，调查涉及纠纷的人员，当事人家庭内部人员和其周围关系紧密的人员。调解人员要做好在调查前对被调查人员的安抚工作，消除被调查人员的顾虑，掌握调查资料后判断被调查人员反映情况是否属实。第三，对于涉及家庭财产纠纷、土地资源纠纷、水利设施纠纷、森林纠纷等事件时，调解人员需要进行现场调查，准确掌握相关利益资源的第一手资料，必要时可以寻求乡镇政府的帮助进行相关资料调研。在调查过程中，调解人员应对调查情况进行详细记录，必要时可以要求被调查者提供书面材料。调解委员会还需要在调解人员调查事件后对调查材料进行详细的分析判断，得出事实真相，依据真实纠纷过程及当事人纠纷中的具体行为给予合适的调解方案。

2. 拟定调解方案

调解委员会应当在充分调查、分析争议事实的基础上，制定调解方案。方案内容主要包括：确定通过调解要达到的目的；制定切实可行的计划，消除当事人之间的争议；调解过程中可能出现的问题及对策，具体纠纷调解涉及的法律、法规和政策规定；具体的调解方法和工作重点等。对一次调解难以解决或容易出现新问题的纠纷，要做好多次调解的准备。当遇到困难或复杂的纠纷时，应由调解委员会委员进行开会决议。

（二）调解场所及调解的主要步骤

调解场所：农村社会的政府部门及调解委员会应为实施调解设立专门的人民纠纷调解室或专门场所。另外，对于事实明晰、情节简单、争议不大的纠纷可以立即或当场进行调解。在当事人对纠纷调解地点有具体要求的情况下，人民调解委员会也可以从方便当事人的角度出发，在其他地方进行调解，例如，当事人所在的田地或其住宅等。

调解的主要步骤：第一，调解人员应告知纠纷事件中当事人涉及的权利和义务。在开始调解前，调解人员应当将调解活动的性质、原则、效力以及当事人在调解活动中的权利和义务，以书面或者口头形式通知当事人。这样当事人可以更加深入地了解人民纠纷调解工作的具体性质、调解程序以及当事人的权利及义务，以便双方达成协议后当事人可以自愿与调解人员合作解决纠纷，确保调解活动的正常进行和调解协议达成后的履行。

第二，当事人各自陈述。调解开始后，调解员应积极耐心地指导当事各方进一步澄清争端事实，在当事方陈述过程中进一步查明事实，分析纠纷过程，确认当事人责任。当事人在陈述过程中存在故意歪曲事实或在对方当事人陈述过程中介入时，调解人员需要及时纠正或制止介入行为，以免场面混乱。

第三，进行调解。调解员在听取当事人陈述后，应结合调查过程中所掌握的证据材料，帮助当事人认识纠纷过程中自己的观点及行为是否正确，明确当事人各自的责任。在此基础上，调解人员应采取灵活多样的方法，根据纠纷双方的特点和性质、复杂性和纠纷的发展情况，通过对当事人进行法律知识普及和思想道德教育，使当事人端正态度，消除对立情绪，积极解决纠纷问题。

第四，达成调解协议。人民调解委员会在与当事人进行沟通后，要积极促使双方当事人互谅互让，引导、帮助当事人达成解决纠纷的调解协议。达成调解协议的具体方式，可以由调解主持人提出调解意见，得到当事人一致认可后达成协议，也可以由当事人各方自行约定达成协议。

（三）调解的主要方式

第一，直接调解。直接调解的调解方式是调解人员直接将当事人召集在一起，以调解他们之间的争端。在进行这种调解之前，调解员通常会事先与当事各方进行对话，以掌握争端的基础。此方式通常用于情况相对简单的纠纷，仅限于当事方的简单纠纷及涉及当事方隐私的纠纷或其他不适合公开的纠纷。

第二，间接调解。间接调解是在解决有关问题之前，寻找合适的第三方关联人，运用各方之间的信任度及特殊关系，使第三方对各方的行为及对纠纷的态度进行转变。这种调解有两个意义：一是对于一些深感不安、困难重重的纠纷，在当事方亲戚朋友的帮助下，使当事人的思想向好的方向转变。二是因为某些纠纷可能依靠第三者的心理或思想，可以使纠纷中的当事人更容易接受。

第三，公共调解和私下调解。公共调解和私下调解是指人民调解委员会可以根据需要进行调解方式的选择是否公开进行，是否允许当事人的亲属、邻居和当地人民、单位领导和人民群众旁听。这样将有助于各方达成和解，或提高调解的成功率。同时，也可以通过调解活动对公众进行思想道德教育，提高他们的法律水平及法律意识。但是，对于涉及当事人隐私和商业秘密的纠纷，或者当事人表示反对公开调解的纠纷，不宜进行公开调解。

第四，联合调解。联合调解为人民调解委员会与相关地区政府、职能部门、调解组织、群众组织和司法机关等取得联系，请求他们协助调查或解决纠纷，这种方式主要适用于跨地区、跨部门、跨行业的纠纷调解。

第四节 农村社会人口管理工作

一、社会人口的概念

人口是生产力各要素中唯一具有能动性的要素，人口增长只有和物质生活、生产质量和数量的增长相匹配才能促进社会的和谐进步。目前我国人口已经超过13亿，是世界第一人口大国。由于人口规模过于庞大，使得人口与资源、环境的协调发展面临着沉重的压力，并带来了一系列的社会问题。

在现实社会生活中，人口是一个综合多种自然要素和社会关系特征动态变化的社会实体，具有多种属性。首先是人口数量。对于人口数量，除了人口规模以外，还可以从静态和动态两个方面对人口进行考察。从静态方面考察，主要涉及人口结构，它是指总人口在数量构成方面的特征，诸如年龄、性别等自然结构，教育、社会阶层、劳动就业等社会结构。从动态的方面考察，主要涉及人口的动态变化过程，也就是人口在数量、质量等方面的变动，包括人口的自然变动、机械变动和社会变动。其中，人口的自然变动是由于人口出生、死亡等变化所引起的，人口机械变动主要是由于人口迁移所引起的，而人口的社会变动主要是因为人口组合状态变动所引起的。

二、农村人口及其特征

第一，农村人口数量大，密度低。目前，我国处于工业化发展的中期阶段，城市化率也较改革之初有了较大幅度的提高，但仍有8亿左右的人口居住在农村，数量庞大，向城市转移的任务艰巨。这8亿农民通常以村落的方式散居在广阔的乡村大地，相对于城市而言，农村社区的规模和人口密度都要小得多。

第二，农村人口的同质性高。农村是熟人社会，由于同一个村落或相邻地域内的村民从事大体相似的经济活动，又长期居住生活在一起，社会生活方式也大致相同，因此其价值观念和行为方式有着较多的相同或者相似之处，人口的同质程度较高。

第三，农村人口流动性增强。20世纪80年代中期以来，农村改革极大地解放了生产力，提高了农业劳动生产率，农村中出现了大量的剩余劳动力。20多年来，大批的农村剩余劳动力洗脚上田，实现了就业的转移，他们中的一部分人离土不离乡，在当地的乡镇企业从事非农产业或发展个体私营经济；还有一部分的农民则是离土也离乡，进入城市务工，实现了跨区域流动。根据相关的农业资料显示，目前我国外出打工的农民人数多达1.26亿，而且还呈上升趋势。农民的就业流动，极大地促进了工业化和城市化发展，为国民经济持续快速发展做出了巨大的贡献，同时也促进了农村本身的发展，增加了农民的收入，改变了村庄的发展模式。

三、农村社会人口管理的含义

农村人口管理是指为实现农村人口与经济社会的协调发展，依据国家政策法规对影响农村人口发展的各个方面所采取的各种干预措施的统称。农村人口管理的目的是实现人口与经济社会的协调发展。当前，我国农村人口过多，增长过快，人口素质较低，给合理开发利用自然资源、保护生态环境、实现经济社会的可持续发展带来了诸多不利影响。因此，控制农村人口的过快增长，提高农村人口的素质是农村人口管理的核心任务。农村人口管理的实质是对人口自然发展过程的干预。人口自然发展过程是人口数量和质量的统一，它不但包括人口数量的增减变化，也包括人口素质、人口流动迁移、人口分布等诸多方面。而人口管理就是对这些人口自然发展过程施加人为影响，通过对发展过程的干预，控制农村人口数量，提高农村人口素质，优化农村人口结构，实现农村人口向城市的有序转移，以促进我国经济社会的协调发展。

四、农村社会人口管理工作的内容

农村人口管理工作主要涉及人口再生产和人口流动迁移等方面的内容。结合我国人口管理政策法规和农村人口管理实践，我国农村社会人口管理工作的内容主要包括以下几个方面。

（一）农村常住人口管理

农村常住人口管理是农村人口管理的主体内容，所谓农村常住人口管理是指对经常或久居在本村范围内，并且有本村户籍的人口所进行的常态管理。农村常住人口管理包括以下内容：第一，人口登记管理。对常住人口的基本情况进行登记，是指及时采集常住人口的信息，在信息发生变动时及时采集进行登录，以便了解、掌握常住人口的基本情况；第二，居民身份证管理。根据公安机关的部署以及村民群众的要求，及时协助有关部门做好居民身份证件的领取、换领、补领等方面的工作，以方便居民群众日常生活使用；第三，常住人口的信息化管理。协助做好常住人口的资料变换和信息更替工作，通过及时更新变动信息做到与实际相符，以常住人口为重点，做好档案信息管理。

（二）农村流动人口管理

伴随农村人口的流动务工，流动人口管理成为当前农村人口管理的工作内容之一。农村流动人口包括流出人口和流入人口两个不同的类别，对这两类人口管理的重点也有所不同。

流出人口管理：对本村流出人口管理的主要内容是协助办理证件和计划生育管理。要协助本村村民办好外出务工所需要的各种证件，包括身份证、婚育证明等，并协助提供有关管理部门所需要的本村外出打工人员的信息，协助做好流出育龄妇女的计划生育管理。

流入人口管理：对外来流动到本村的人口，要协助有关部门做好暂住管理和计划生育管理。要协助进行暂住人口管理，完善暂住人口登记、办证查验管理制度，并强化对村出租房屋的管控，完善承租人登记制度。将外流人口的计划生育工作纳入本地计划生育管理的范围，协助政府有关部门做好管理工作。

（三）农村计划生育管理

计划生育是我国的基本国策，而农村又是我国计划生育政策落实的重点地区。因此，农村计划生育管理是农村人口管理的重要内容，也是农村基层组织的重要工作内容之一。农村计划生育管理主要是指在做好本村常住人口计划生育管理的基础上，协助做好流动人口的计划生育管理工作，确保国家计划生育政策的落实。

（四）农村人口迁移管理

农村人口迁移管理是指对因婚姻、升学、投亲、参军、退伍等发生的户籍迁移所进行的协助管理。由上述因素所带来的正常的户口迁出和迁入，村委会要实事求是地开具有关证明信件，协助村民办理户籍迁移，对迁入人口要适时给予土地、山林等方面的经济资源，确保他们能够享有正常生产和生活的权利。

五、农村社会计划生育管理工作

农村计划生育管理主要针对本村的常住人口，此外还涉及在本村居住生活的流动人口。因此，农村计划生育管理的对象可以分为两类。

常住人口的计划生育管理：对常住人口要根据国家法规要求，结合本村实际情况做好计划生育工作，主要包括本村人口规划制定以及计划生育管理。要根据本村的人口状况和计划生育法律法规的有关要求，制定切合实际的人口规划，并提交村民代表会议或村民会议通过后公布实施；要及时掌握本村育龄夫妻婚后的生育情况以及本村育龄妇女的孕检情况等，确保计划生育政策落实。

流动人口的计划生育管理：对流动人口计划生育管理以现居住地管理为主，因此要协助政府强化对流动到本地的外来人口进行管理，将其纳入本地计划生育管理范围，进行计划生育宣传，协助查验有关婚育证明，了解其婚育情况，组织有关部门为其提供计划生育服务，指导优生优育以及其他生殖保健服务，做好意外生育的补救工作等。

第五节　农村社会精神文明建设工作

一、农村精神文明建设工作的主要内容

（一）培育有理想的新型农民

培育有理想的新型农民，就是通过多种组织方式和教育方式，使广大农民群众坚定建设中国特色社会主义现代化的信念，坚定全面建成小康社会的信念，进一步明确社会进步与个人富裕的关系，对富裕、民主、文明的社会主义新农村满怀向往，将个人追求同建设社会主义新农村、全面建成农村小康社会、建设现代化国家的远大目标结合起来。

（二）培育有道德的新型农民

道德是为保持一定社会秩序而调整人与人之间、个人与社会之间关系的行为规范，它是一种依靠社会舆论、人的信念、习惯、传统和教育调节人的行为的精神力量。对于主要从事个体劳动的农民群众，要鼓励和提倡通过勤奋劳动、诚实守信、遵纪守法来走上发家致富之路。家庭道德是调整家庭成员之间关系的原则和规范，提倡夫妻和睦、男女平等、尊敬老人、教育子女、勤俭持家、邻里团结等。

（三）培育有文化的新型农民

培育有文化的新型农民就是通过发展基础教育和职业教育，使农民群众掌握一定的文化科技知识，并在生产和生活中应用这些知识。农民群众迫切需要掌握更多的文化知识，学会各种专业知识，增强市场意识和现代劳动技能，掌握发展市场经济的新技术、新信息。这些都有赖于在农村加强基础教育，发展职业教育，普及农业科技知识，开展健康有益的文化活动，如"科技下乡""文化下乡"等，使农民群众成为有科学文化知识的现代劳动者。

（四）培育有纪律的新型农民

农民日常接触的纪律可以分为四类：一是法律法规；二是国家政策；三是依照法律法规和政策以及当地传统习俗制定的村规民约；四是各种农村行业或产业协会的章程。培育有纪律的新型农民，就是通过宣传教育使农民提高社会规范意识，并自觉遵守这些规范。农民要学会用法律手段维护和争得自己的合法权益，同时又不侵犯他人的合法权益；正确理解和掌握国家政策和有关规章制度，并用以指导和规范自己的生产和生活。

二、农村社会文化教育的内容

（一）文化教育

文化教育主要是农村中小学教育，这是我国农村教育的传统内容，也是现阶段农村教育的主要内容。其主要特点是严格按照国家颁布的中小学教学大纲的要求，对学生进行系统的文化知识传授，同时也开展德、体、美教育。扫盲教育也属于文化教育的范畴，抓好文化教育是开展其他教育的先决条件。

（二）思想道德教育

思想道德教育主要内容是通过各种形式组织农民群众学习，使他们树立正确的世界观、人生观、价值观，坚定社会主义信念；以优秀的艺术作品和先进人物的典型事迹，对他们进行爱国主义、集体主义、传统美德、文明守法教育。

（三）法制教育

法制教育使农民守法和维权，是开展农村法制教育的根本目的。法制教育应当与农村基层民主政治建设相结合，通过各种渠道开展扎扎实实的依法治村活动。在中小学，要补上法制教育课，让农民孩子从小就懂法、守法。对成人的法制宣传和教育，各基层行政、司法部门负有义不容辞的责任。比如开展"法律进万家"活动，通过普法宣讲、案例示范、实地办案等，使农民从中学到法律知识，树立和增强守法意识和维权意识。

（四）健康教育

健康教育就是向农民普及卫生知识，倡导科学，反对愚昧，改变不良卫生习惯，引导农民建立科学、文明、健康的生活方式。

三、农村社会精神文明建设工作的基本途径

全面落实农村精神文明建设的各项任务，实现其目标，必须从农村和农民的实际出发，解决好农村精神文明建设的途径、形式和方法问题。这里总的要求是：一要符合农村和农民的实际情况；二要能够让农民群众所接受，为老百姓所喜闻乐见；三要切实可行，行之有效，能够达到预期的建设目的。农村精神文明建设的基本途径是重在行动，重在实践，重在建设。而农村精神文明的建设实践，必须坚持一切从农村、农业和农民的实际情况出发，同时还必须处理好以下几个问题。

（一）必须为农村经济建设的各种现实需要服务

农村精神文明建设为农村经济发展服务，就要紧紧围绕农村经济建设的各种需要，为农业产业化和农业产业结构调整、为农民增产增收，为农民发展乡镇企业、为农村发展市场经济、为农民发展第三产业、为提高农民的科技文化素质、为减

轻农民负担服务。

（二）必须找到把两个文明结合起来的具体途径

围绕经济建设这个中心，为农村经济发展服务，都有一个怎么做的问题，都有个如何把两个文明有机统一起来的问题。实践证明，做到这一点并不很容易。在落后或贫困地区怎么做，在经济发达地区怎么做，其情况也不完全一样。精神文明中的文化、科技、卫生、思想道德教育等怎样为经济发展服务，各自的具体途径也有差异。精神文明怎样为种植业、养殖业、畜牧业、乡镇企业和第三产业服务，其具体特点也不相同。这就需要农村社会精神文明建设的工作者要积极探索、大胆创新，找到一条精神文明建设为经济建设服务的好路子。

（三）把民主政治建设和社会治安综合治理工作纳入农村精神文明建设的过程中统一进行

从一定意义上说，民主政治建设和社会治安综合治理工作本身就是农村精神文明建设的重要内容。民主政治建设是在民主政治的理论指导下进行的，它要服从这一理论，要接受这一理论的支配，要和这一理论相适应，同时它在性质上属于政治文明或制度文明，应该归入广义的精神文明范畴之内。社会治安综合治理主要是解决农村的社会稳定、社会秩序和违法犯罪问题，其性质属于法制范围，同样应该归入广义的精神文明范畴之内。

（四）必须坚持把以立为本、重在养成作为农村精神文明建设的落脚点

农村精神文明建设的基本途径是重在建设。所谓建设是相对于破坏而言的，这就要求农村精神文明建设的工作者必须把以立为本、重在养成作为农村精神文明建设的落脚点。为此就必须解决好以下几个问题。

第一，正确处理破与立的关系。当前开展农村精神文明建设，当然首先也得破，即破除那些陈旧的、腐朽的、不合理的、不文明的东西，因为没有这样的破就无法立。所谓立，就是建立新的、合理的、积极的、文明的东西。破和立的关系是：破是前提和必要条件，只有彻底的破，才能牢固的立；而立则是破的归宿和目的，只有牢固的立才能更彻底的破。所以，破是前提而不是结果，是手段而不是目的，是开始的出发点而不是最后的归宿。破固然重要，但立比起破来则更加重要。因为破比较容易，而立则相当困难；破正是为了立，有了立，破才有意义、有根据。只有处理好这一关系，农村精神文明建设才能遵循破与立的辩证法正确地进行。

第二，各项建设活动都必须把以立为本、重在养成贯彻始终。破虽然是必不可少的，但决不能只顾大刀阔斧地破而忘记了下苦功夫去立，就像盖房子一样，如果只把旧房子砸个稀烂，而不去建新房子，最后得到的只能是一个烂摊子和一堆垃圾。精神文明建设如果这样搞的话，那就没有任何意义和不可能取得任何实

际效果。所以，不论是思想道德教育、文化教育、科技卫生事业，还是讲文明树新风、移风易俗、革除陋习活动等，都一定要把新的观念的形成，新的道德情操的陶冶，新的人格品质的重塑，新的素质和能力的培养，新的思维方式、生活方式和行为方式的养成以及新的风俗习惯的产生贯彻始终。只有这样，农村精神文明建设工作才能在农村社会大地上生根发芽，开花结果。

（五）必须依靠群众，开展多种形式、扎实有效的创建活动

农村精神文明建设是农民群众自己的事业，只有紧紧依靠群众的自觉性、主动性、积极性和创造性的充分发挥才能搞好。第一，群众创建活动体现了广泛的群众性。这种创建活动的最大特点是把群众发动起来，自己解决自己在社会风气、社会生活、生产实践、脱贫致富、科技兴农等方面存在的问题，是自己参与自己受益，有很大的号召力和吸引力，农民易于参与，乐于参与，主动参与。第二，群众性创建活动把竞争机制引入了精神文明建设领域。不论是先进个人等模范、标兵人物的评选，还是文明户、文明村、文明乡镇的创建，都引入竞争机制，达标的就入选，不达标的就不能入选。废除终身制，实行动态制度，随时把后进的淘汰出局。这就形成了一个创先进、争上游、你追我赶、充满活力的局面。第三，群众性创建活动建立激励机制。对表现突出的先进个人和先进单位，都要召开表彰大会，发奖状、奖金，并予以宣传报道；对文明户、文明村和文明乡镇也都给他们送匾挂牌，并给予精神和物质奖励。对落后的也要给予一定的批评和惩戒，做到奖惩分明，赏罚兑现，以激发农民群众主动参与的热情。总之，依靠农民群众开展创建活动，是农村精神文明建设的重要载体、有效途径和手段，必须长期坚持下去。

（六）制定规划，逐步实施

农村精神文明建设涉及方方面面，需要解决的矛盾和问题很复杂，需要完成的任务十分艰巨。究竟怎样搞，先解决哪个问题后解决哪个问题，先干哪件事情后干哪件事情，主次重点是什么，步骤和措施又怎样，必须进行通盘考虑，做出全面规划。各地在进行精神文明建设时，都把制定一个切实可行的规划当作一件大事，坚持深入实际调查研究，摸清底数，掌握实情，在这个基础上制定出符合本地实际情况的、比较长远的建设规划，然后按照规划组织实施，逐步落实。

（七）制定规范，加强管理

农村精神文明建设面对的是广大农民群众，而他们在一家一户为经营单位的小生产状态下养成了自由的习惯，人数众多，成分、素质又很复杂，所以怎样把农村社会精神文明建设工作做好，始终是一个令人头痛的问题。这就需要有一套涉及方方面面的规范或制度，明确告诉他们哪些可以做、应该做，哪些不可以做、不应该做，以及违反了会有什么后果。通过这样的规范或制度把他们的行为约束、

限制在合理的范围内。因此，各地都非常重视这项工作，制定了一系列乡规村约等文明公约，这些都是非常明确的行为规范，老百姓一看就明白，一看就会用，一看就知道应该必须遵守，效果很好。

（八）形式多样，层次分明

农村的情况非常复杂，所以农村精神文明建设一定要力戒形式单一，而必须多种多样。除了创建文明户、文明村、文明乡镇和文明乡镇企业外，还有军民、警民、工农、村企等共建形式，有评选好儿女、好媳妇、好公婆、致富状元、科技模范、绿化标兵、见义勇为典型等多种形式。同时各地农村发展很不平衡，即使在同一个村，户与户、组与组之间以及党员、干部和群众之间也存在很大差别。所以农村精神文明建设一定要注意层次性，做到对不同的村、不同的用户和不同的人群要有不同的内容、标准和要求。

第六节　农村经济与生态环境协调发展工作

一、生态环境对经济发展的影响

生态环境是指由生物群落及非生物自然因素组成的各种生态系统所构成的整体，包括森林、土壤、植被、气、水源、动植物及其他自然资源。生态环境对经济发展有着重大而深远的影响，这种影响至少表现在以下几个方面：第一，生态环境制约着经济发展的速度和水平。人类所进行的各种经济活动都是在一定的生态环境中进行的，生态环境不仅要为各种经济活动的进行提供必要的空间和场所，而且还要为各种经济活动的进行提供必不可少的物质条件。如果一个地区的空气、水源、土壤被污染，这不仅会影响农副产品的质量，而且也会直接或间接地影响工业产品的质量，特别是影响以农副产品为原料的轻工产品的质量，从而制约经济社会发展。第二，生态环境制约着经济发展要素的集聚程度，制约着经济发展的速度。生态环境不仅关系到人们生存的条件和生活的质量，而且也常常关系到经济活动得以开展的程度和效益。一般说来，生态环境比较好的国家或地区通常更适合人们的生存，同时具备发展经济的良好条件，从而更有利于各种生产要素的聚集，可以有力地促进这些国家或地区的经济社会发展。相反，生态环境恶劣的国家或地区，通常缺乏生产要素集聚的吸引力，经济社会发展因而会受到制约。

二、农村生态环境系统的划分

农村生态环境是相对于城市生态环境而言的，尽管二者环境成分有很大差异，但其主体都是人类，环境概念的一般含义对于二者都是适用的。所以，农村生态环境就是以农村居民为主体的生存、生活、生产以及从事其他社会实践活动的物质条件的总和。按人工干预程度划分，农村生态环境系统可分为农村自然环境、农村工程环境和人工生物环境、农村社会环境。按微观生态环境划分，农村生态环境系统可分为庭院生态环境、村落生态环境。按宏观生态环境划分，农村生态环境系统可分为自然地形单元生态环境、行政区域生态环境等。

三、农村生态资源与经济发展的可行策略

农村生态环境的保护主要包括两个方面：一是要保护农村的自然资源。从这个意义来说，保护农业资源是整个农村环境保护的核心。二是要防止环境污染；我国城乡商品经济的日益发展，对农村环境的污染也日益加重，因此，对污染物必须积极防治。

第一，有计划地发展乡镇企业。从获得更大生态经济效益的观点出发，首先应该以生态经济系统的基础作用为依据，发展可再生资源开发、利用型的企业。这样做，不仅可以发挥自己的优势，而且可以获得较高的生态效益和经济效益。因为各种农产品都是由农村生态经济系统提供的，以此为基础，就地进行加工，原料就有充足的来源，加工产生的废料还可以组织新的食物链进行充分的利用。随着农村多种多样的生态经济系统的建立，广大农村充分开发、利用农村生态经济系统的潜力是巨大的，具有稳定而持久的经济效益。因此，发展农产品加工业，是大多数农村发展乡镇企业的一条有效途径。乡镇企业的发展也要城乡结合，共同防治环境污染。生态经济学的原理告诉人们，城市与农村结合是一个复杂的生态经济系统。我国城市经济的发展，促进了乡镇企业的发展，但有些地方把污染也扩散给了乡镇企业。有些地方城乡联合，互助互利防治污染，已经积累了不少经验。例如，有的大工厂把经常产生的大量工业废水、废渣和其他废弃物，无偿地送给农村作原料，并帮助设计和提供技术，建立乡镇企业，使"废物"再生为社会需要的产品。这样做，既防止了城乡环境污染，又使双方都获得了很高的经济效益。

第二，调整农村产业结构，提高生态经济效益。调整农村产业结构，争取更大的生态经济效益，则是遵循生态经济规律、发展农村经济的一个重要方面。发展农村经济的实质是经营农村生态经济系统及其子系统，任何生态经济系统都有自己的结构和功能，而且，有什么样的结构，就有什么样的功能。农村任何生产活动都是在一定的生态经济系统中进行的，人们进行农业生产的根本目的，就是要获得日益丰富的多种农产品和生态效益。这些目的的实现，取决于由一定生态经济结构决定的生态经济功能的充分发挥。所以，根据生态经济规律的要求和我国农村的具体条件，对农村生态经济结构进行调整，就成为发展农村经济、获得最大生态经济效益的关键所在。

调整农村产业结构，是人们重新安排农村生态经济系统的过程。通过调整，使其中各个组成部分之间的比例更为合理，相互关系更加协调，便能实现农村产业结构在一定条件下的最优化，从而提高农村生态经济系统的总体生产力。农村生态经济系统和其他生态经济系统一样，具有整体性的特点。其中，生物因素、环境因素及其组成部分的力量，都是生态系统生产力的组成部分。但是，生态系统的总体生产力并不等于这些组成部分生产力的简单相加。在农村生态经济系统的运行过程中，客观上存在着一种"整体效益"。系统中各个组成部分如果配合适当，生态系统的总体生产力就大于各部分生产力之总和。农村生态经济系统"整体效应"原理，为调整农村产业结构提供了理论基础。

第三，建立合理的农村产业结构层次。调整农村产业结构，其目的是全面利用农村生态经济系统，充分利用农村各种自然资源。建立门类齐全的生产结构和产业结构，已经成为我国农村经济发展的明显趋势。全面安排农村产业结构，主要包括以下三个层次。其一，建立合理的种植业结构。种植业结构是狭义的农业生产结构，它是建立合理的农村产业结构的第一个层次。建立合理的种植业结构，就是利用生态经济系统中植物群落的内部关系，合理地安排粮食作物和经济作物的比例，从而提高农业生产结构的生态经济效益。在实际工作中，其主要做法有以下两种：发挥抑制的作用，即通过合理安排农作物的种植，抑制生态系统中有害的种群部分。例如，采用高、低作物的搭配种植，并实行合理密植，以此控制杂草的蔓生；发挥促进的作用，即利用生物之间的共栖互利的作用，获取更高的生态经济效益。例如，禾本科作物与豆科作物间作或轮作，利用后者的固氮作用为前者的生长提供养分。其二，建立合理的农业部门结构。建立合理的农业部门结构，就是利用农业生态经济系统中的各种子系统和各种生物产品在生态经济系统中的物能转换作用，以此促进农业生产中的各业协调发展，从而提高农业生产结构的生态经济效益。其三，建立合理的农村产业结构。建立合理的农村产业结构，就是运用生态经济学原理，正确处理农村中的农业与非农业之间的发展关系，使农村各产业部门协调发展，全面繁荣农村生态经济。因此，在经济上，它体现农村商品经济发展的需要，是社会生产力提高的要求；在生态上，它是原有生态经济系统的延伸。发展和对已有产品的充分利用，同时引入新的生态经济系统，以此提高农村经济的总体生态经济效益。

第四，耕地资源的合理开发和利用。经济、合理地开发与利用耕地资源，一是要保护好现有耕地资源，严格限制占用耕地；二是开发、利用后备耕地资源，扩大耕地面积；三是改革耕地制度，扩大复种面积；四是采用适用、先进的技术，进行科学种田。

第五，草地资源的合理开发与利用。经济、合理地开发与利用草地资源，必须建立草地生态平衡系统。只有运用先进的科学技术，施加强大的社会干预并采用经济的力量，对已经失调的草地生态系统进行改造，使生态逐渐趋于平衡，永续利用。这一观点反映在经济思想上，便是"以养为用""以退为进"的战略思想。反映在政策和具体措施上便是：一要保护好草地，通过制定草地保护法，建立草场资源保护制度及草场承包责任制，固定草场使用权，使草地保护法律化、制度化、经常化；二要利用好草地，在对草地资源普查的基础上，根据各地草场实际，以草定畜，普遍建立划区轮牧制度，发展季节性畜牧业生产，既利用草地发展牧业经济，又不使草场过牧，使草地得到合理地利用；三要建设好草地，通过人工种草，建立草库伦，兴修草地水利等措施，建立草地人工生态经济系统。

第六，水域资源的合理开发与利用。其一，水域资源的综合立体开发与利用。水域资源既可用于水路运输、发电，又可捕捞、养殖，发展水产业等。综合立体开发与利用水域资源，才能有效地提高水域资源的利用率和水体生产力；其二，大力加强水利建设。治理水域环境，做到涝能排、旱能灌。根治洪、旱灾害是经济、合理地开发与利用水域资源的核心；其三，保护水域环境，防止水体污染。随着社会经济的发展，水域环境的污染越来越严重。因此，必须采用法律、经济和技术等手段，防止有害物质进入水域，以保护水域资源的生态环境，提高水体质量。

第四章　农村社会工作的实施

第一节　农村社会工作模式

一、农村社会工作模式的含义与特征

（一）农村社会工作模式的含义

农村社会工作模式是对农村社会工作实务中解决各类问题的方法所做的总结和归纳，它对农村社会工作具有重要的指导意义。尽管农村社会工作的对象千差万别，其面临的问题错综复杂，在实务工作中使用的具体方法、技巧各不相同，但其中的专业理念和方法具有一定的共同性，这也是农村社会工作实务模式产生和发展的基础与必然。农村社会工作模式就是在农村社会工作服务中逐渐形成的具有普遍性的工作方法，是农村社会工作基本规律与农村社会工作实务本质特征的理论化说明。

（二）农村社会工作模式的特征

农村社会工作是社会工作实务的一个重要领域，具有社会工作模式的一般特征，如指导性、中介性、历史性、差异性等。由于农村社会工作服务的领域和人群有着其自己的特殊性，因此，农村社会工作模式还有其自身的独特性。

1. 指导性

工作模式具有普遍的、规范的实务指导性。农村社会工作服务强调应针对服务对象的不同特征和不同处境选择最适合的工作模式，在该模式的基本框架下开展专业服务。在同类型的服务过程中，模式有普适性。农村社会工作模式是针对农村特殊场景和人群的特定问题，通过无数次的实践探索出的解决方案和最佳实践的理论提升。农村社会工作实务模式的提炼使得农村社会工作的开展超越了感性探索的主观局限性，向专业化发展。在农村社会工作者的实际服务中，农村社会工作者面对的服务对象包括老人、残疾人、妇女、儿童、青少年等。他们面临的问题有相似性和共通性，因此对于同一类型的问题可以采取相同的服务模式。

2. 中介性

农村社会工作模式需要理论为基础，同时，更需面向实践，具有鲜明的应用性，并且还应指出实务中需要注意的处理原则和服务方法。

3. 历史性

由于农村社会发展的不同阶段所面临的问题也各不相同，因此农村社会工作模式也具有不同的时代特征。对于农村社会工作者来说，要随着时代的发展不断探索符合农村社会特征的农村社会工作模式。

4. 差异性

农村社会工作和其他领域的社会工作一样都需要面对不同的问题和情况，因此要关注每项服务独特的价值基础、政策目标、实务内容、服务对象和行动策略。不同实务模式所聚焦的问题各不相同，在评估服务对象环境时所选取的指标也不一样。因此，在开展农村社会工作服务时，要区分各种服务模式的差异。在农村社会工作的服务中，可能要面对的问题是多种多样的，如农村老人赡养问题、留守妇女与儿童问题、干群关系问题等，因此在针对不同的对象、不同的问题时，社会工作者要选择不同的服务模式。

二、农村社会工作服务模式的类型

根据不同的原则和标准，可以将农村社会工作服务模式分为不同的类型。按照干预方式，可以分为直接干预模式和非直接干预模式。直接干预模式是指农村社会工作的目标和选用的方法都是由农村社会工作者决定的，社会工作者在服务中处于主导地位。这一模式的优势在于效率高，但缺点是不够民主；非直接干预模式是指在农村社会工作开展过程中，服务的目标和方法完全由农村社区居民来完成，社会工作者角色处于被动地位，服务对象处于主导地位。这一模式的优点是民主程度高，但缺点是效率较低。

（一）地区发展模式

1. 何谓地区发展模式

地区发展模式的问题假设是基于问题视角，是问题对策式的发展模式。通过寻找社区及居民存在的问题，然后有针对性地提供服务，解决问题。目的在于建立和谐的社区关系，改善社区条件，维护社会稳定，促进社区及个人的良性发展。地区发展模式采用的主要策略是：一是公民应当并且愿意参与农村社区事务；二是农村社区问题的主要原因是缺乏合作与有效沟通，因此应通过参与来改善沟通与合作，以解决问题。

2. 对地区发展模式的评价

地区发展模式对于解决农村社会问题有明显的优势，但地区发展模式还存在着不可避免的局限性。假设市区内不同利益群体之间具有一定的相容性，那么通过沟通合作就可以化解他们之间的冲突。但是，因为农村的很多社会矛盾不是个体层面的，所以很难运用社区调解的方法加以解决，相信只要人们广泛参与，便能达到解决问题及自助的效果。但实际上，村民问题的解决和自助能力的提升单靠村民力量是远远不够的。

（二）社会行动模式

1. 策划过程

社会行动模式下，农村社会工作的目标是为农民争取权利和资源，改变不合理的社会政策或体制，推动农村社会的变迁和发展。根据社会行动手段的激烈程度划分，社会行动有四种策略及其相应的形式。一是对话性行动；二是抗议性行动；三是对抗性行动；四是暴力性行动。

2. 社会行动模式的优、缺点

社会行动模式的农村社会工作的优点在于，首先，易于广泛吸纳群众，社会行动通常都是从村民最关注及最急需解决的事件入手，因此容易将村民联系起来。其次，能够迅速解决问题。因为社会行动较多采用集体行动、社会冲突等途径，所以可能造成较大的社会影响，使问题得到迅速解决。最后，村民自我意识及能力得到提升。社会行动模式重视对村民各项技能的培训，易于培养"村民领袖"。但是，在我国农村运用这种模式也存在一定的风险。一方面，在社会行动过程中，一些利益集团会抓住机会利用和操纵群众，以达到自己的目的；另一方面，在社会行动过程中，社会矛盾可能会激化而造成社会不稳定等，这些风险在服务计划制定过程中要准确把握和提出对策。

（三）青少年、儿童为中心的模式

青少年、儿童为中心的模式是农村社会工作的重要实践模式之一。它以社区综合服务中心为平台，应用社会工作方法和技巧，为农村社区青少年、儿童提供专业服务，如课业辅导、成长小组、个案管理等。通过专业服务，增强青少年、儿童对农村社区的责任感、认同感和归属感，从而保障农村社区建设有充足的人力资源和储备力量。

1. 工作策略

第一，特别关注当地社区青少年、儿童对本社区的认同感、归属感和责任感建设。农村社会工作者还应梳理主流价值观对农村青少年、儿童的自我认同和社区认同的影响。首先要弄清楚影响当地青少年、儿童自我认知、社区认知的原因是什么？为什么会造成这样的影响？这些影响将导致的后果是什么？第二，农村社会工作者要清楚地认识到，要使农村社区青少年、儿童享受未成年人可以享受的各种权利，需要一个长期的过程，要做好持久工作、缓慢见成效的心理准备。第三，以青少年、儿童为中心的服务模式的目标是以改善服务对象的生活品质、文化素质、自我认知、社区认知为重点，以增强服务对象的自我认同感和社区归属感。

2. 农村社会工作者的角色

在以青少年、儿童为中心的模式中，农村社会工作者的角色有多种，其中最重要的是服务提供者和教育者。服务提供者主要是指农村社会工作者根据农村社区青少年、儿童的特点，以及他们在学业、生活、成长、人际关系等方面面临的问题和需求，有针对性地提供各种社会工作服务，如课业辅导、心理咨询、自我认知等；教育者角色主要是农村社会工作者通过村史教育或文化素质培训等形式，增强农村社区青少年、儿童对当地社区的认同。通过服务，要使服务对象树立正确的价值观，选择适合的路径去实现自身的价值。

（四）社会资产模式

社会资产视角的农村社会工作模式日益得到重视，社会资产模式强调在开展农村社会工作服务时，要立足需求为本，整合社区资源，服务社区群众。在我国目前的农村社会工作服务中，农村社会工作者在根据社区居民需求制定服务计划方面做得比较好，但是在整合社区资源方面还有很多局限和障碍。主要表现为：一是农村社会工作者权力有限，可以调动的资源不多；二是社区本身所有的资源匮乏。社会资产为视角的模式提出了新的思路，认为农村社会工作的服务对象——个体的"人"本身就是一种资本，公共空间的重塑也是资本重构，农村社区公共资源更是一种资本建设。

1. 工作策略

社会资产服务模式的核心是服务对象的资产网络建设，资产网络建设的核心是农村社会工作要树立大资产观，即资产应当由无形资产和有形资产组成，无形资产的挖掘和建设对问题的解决和需求回应同样有效。社会资产模式的重点，一是社会资产强调从优势视角出发，重建服务对象的无形资产，农村社会工作者协助服务对象认清主流资产观的局限性，使其树立新的资产观，即个体的无形资产同样重要。二是相信资产包括无形资产和有形资产，每个人均有丰富的无形资产，但是受到市场观念的影响，让服务对象改变只看重物质资本而忽视社会资本的观念需要一个长期的过程。这就要求农村社会工作者应将优势视角的理念贯穿服务的始终，在工作过程中树立服务对象的社会资产观。三是社会资产模式的目标一定是促使形成适合农村社区特色的社区发展模式。

2. 农村社会工作者的角色

在社会资产模式中，农村社会工作者的核心角色是咨询者和支持者。咨询者是指农村社会工作在服务对象面临资源短缺的时候，协助服务对象从自身出发，挖掘可利用的社会资产，通过资产网络建设，整合各种资源，从而解决服务对象面临的困境。支持者是指农村社会工作者根据服务对象对社会资产的信赖程度，整合资产的能力、支持网络建设的情况等而有针对性地给予不同形式的支持，如提供信息、必要的物质支持等。

（五）团结经济模式

团结经济的概念于 1973 年提出，是指人人有份、持续不断的学习过程，它让每个人都能够在自己的位置上发挥作用。人人推动包括合作社、公平贸易、社会企业、良心消费等经济行为；反对以市场经济名义制造的社会不公平，倡导人人都要参与社会经济实践中，提出经济发展是为了人和社会进步。团结经济强调关系、关爱、合作等，寻求发展的多样化道路。

1. 工作策略

在团结经济模式的工作策略是：第一，社会经济发展模式必须重视个体全面发展和社会的整体发展；第二，强调经济生产的多元化主体；第三，生产关系中重视互助合作和民主团结的社会关系的建立；第四，重视经济生产与生态环境和谐共生原则。

2. 农村社会工作者的角色

在团结经济模式中，农村社会工作者的核心角色是推动者。推动者是指农村社会工作者要促使服务对象参与经济生产的各个环节，提升服务对象在生产活动中的主体地位，强调服务对象在生产活动中人与人的互助关系的维系。团结经济模式充满人性关怀的理念，以及缩小贫富差距、扼制生态恶化等社会问题，值得农村社会工作者研究和借鉴。农村社会工作者在服务中要大力推动服务对象积极参与社会经济生产活动，不断探索多元化的经济模式。

三、农村社会工作模式的选择与评估

社会工作的模式有多种类型，在具体的农村社会工作服务过程中，要根据实际情况，因时因地因人谨慎选择服务模式。在确定某种服务模式后，要对该模式的服务过程和结果进行科学评估。

（一）农村社会工作模式的选择

1. 农村社会工作模式选择的必要性

农村社会工作者在选择一个工作模式来指导服务时，要注意不能被一个模式限制而缩手缩脚。一个服务对象在困境中面对的问题往往是非常复杂和繁杂的，包括经济、政治、社会交往等方面的问题。没有任何一种现成的服务模式能够独立解决服务对象所面临的所有问题。如果农村社会工作者仅以一种单模式试图来解决所有服务对象所面对的所有问题，那么他所提供的服务一定不会达到最佳的效果。农村社会工作者应当从服务对象的需求出发，全面评估其所面临的困境和问题，尊重服务对象自决的原则，整合一切可利用的资源，从而选择最合适的服务计划和模式。有效的农村社会工作模式必须以服务对象的问题和其所处的环境作为评估的基础，根据服务目标来选择服务模式。选择合适的社会工作服务模式必须以对服务对象的问题和环境的评估为基础，符合服务目标。农村社会工作者必须全面、准确地了解和掌握各种服务模式，并能正确地选择和运用。不同的服务模式所适应的对象各不相同，如有的适合个人问题，有的则适用于家庭或团体人际关系调整，有的则应用于改变环境因素。所以，针对不同的服务对象选择合适的服务模式非常重要。不适当的服务模式将导致服务无效，甚至造成相反的结果。

2. 选择服务模式时的影响因素

农村社会工作模式不是随意选择和随机选择的，要综合考虑社会工作实务过程中所涉及的各方面因素。第一，服务对象的具体目标。农村社会工作是应对农村社会问题的一种制度安排，是帮助服务对象解决和提高自身能力的合理手段。农村社会工作是围绕服务对象为中心开展的专业社会工作者服务。因此，农村社会工作模式的选择要坚持以服务对象问题的解决为根本宗旨。在现实生活中，服务对象所面临的问题是多种多样的，因此，对于不同的服务对象、不同的问题、不同的处境，要根据初步拟定的农村社会工作的目标去筛选合适的服务模式。第二，服务对象的规模。在社会工作模式中，有些模式适合微观层面的服务对象，如个人、夫妻和家庭等小团队；有些模式适合中观层面的服务对象，如社区中的各种社会组织：老年协会、在校学生或社区邻里等；有些模式则适用于宏观层面，如整个社区或者更大的范围。

（二）农村社会工作服务模式的评估

农村社会工作服务模式的选择是否符合服务对象的需求和达到预期目标以及服务工作结束后是否达到服务效果，都要有专业的评估。

1. 农村社会工作服务模式评估的含义

农村社会工作模式评估就是考察服务模式选择的有效性和可持续性，即以社会工作资料为基础，对社会工作模式的有效性进行价值判断的过程。农村社会工作服务模式的评估分为形成性评估和总结性评估。形成性评估研究是一种对模式进行内在的、持续性的反馈研究，目的在于改进模式选择过程。总结性评估研究关注的是模式选择的后果。农村社会工作模式评估属于形成性评估，对于社会工作模式评估的目的是进一步完善社会工作服务模式选择。通过评估，对社会工作服务模式中的理论、原则、方法和技巧进行质询、增补、修正等。而对于农村社会工作服务模式效果的评估属于总结性评估，通过总结性评估能够了解农村社会工作服务模式的最终效果。农村社会工作实务的通用模式为：评估—计划—干预—结案—评估。从这个流程中，可以看到社会工作实务存在两次评估，第一次是服务开展前的评估，明确问题的性质、原因、演化及后果，以及对问题中所涉及的人群进行调研，深入了解服务中涉及的环境；第二次评估是服务结束后的评估，指的是利用研究技术来评价社会工作者服务的效果。一般称前者为"预评估"，而后者称为"评价"。

2．农村社会工作服务评估的主要内容

第一，农村社会工作模式的实施过程。农村社会工作模式是贯穿于一个服务过程始终的，是一根红线，它具有自身的理论基础和实务技巧。农村社会工作模式评估需要在完成对社会工作目标评估之后，分析在整个社会工作目标达成过程中，所选择的模式是否起到主导作用，是否有其他因素或力量成为农村社会工作目标达成的主要作用。第二，农村社会工作模式的实施结果。农村社会工作模式是开放的，模式在运用的过程中也在不断地发展完善，这就需要在农村社会工作者实践案例中对农村社会模式进行科学的归纳和总结。因此，农村社会工作模式的评估也应该包括农村社会工作模式实施结果的总结性评估，例如，对基础理论的深化理解，对处理原则的调整改善，对社会工作技巧和方法的运用与提升等。

3．农村社会工作模式评估信息的来源

（1）服务对象的信息。服务对象的信息需要农村社会工作者或社会工作机构主动收集完善。收集服务对象资料的主要方式有书面问卷的形式、口头访谈的形式或座谈会等。在收集资料的过程中要注意，对于服务对象反映的社会工作服务模式的信息既要尊重服务对象，又要避免服务对象的主观性，对于有歧义或不真实的信息要加以甄别。

（2）农村社会工作者的信息。农村社会工作者是服务过程中的组织者、决策者和执行者等，他们往往身兼多职，还是农村社会工作模式的全程参与者和运用者。在整个服务过程中，农村社会工作者要能够敏锐地感知服务模式在运用中的具体表现，包括服务对象的行为、表情等方面的反应等。同时，在服务过程中需要及时、准确、全面和真实地记录服务过程，形成一个完整的过程性记录。作为专职的社会工作者，还应该在每一项具体服务完成后，自觉总结经验教训，确保今后的工作顺利开展。

第二节　农村社会工作方法与技巧

一、农村社会个案工作方法

（一）农村社会个案工作的概念

传统上，中国社会一直是家本位，家庭承担有关家庭成员福利的所有责任，而每个家庭成员都有义务为家庭做贡献。由家扩展到更广大的社会，视国为"大家"，即国家是一个社会大家庭，个人是社会大家庭的一分子。当个人出现问题时，社会有责任去帮助他，使他不致因一时的困难而陷入绝境。"大家"既是国家又是社会。对人的帮助，有双重目标：一个目标是直接帮助有需要的个人，另一个目标是通过帮助家庭来帮助个人。因为很多时候，个人问题是由家庭问题引起，而个人问题通常也会影响到家庭的正常生活状态，帮助个人即是对家庭的帮助。这些问题既可能是物质方面的，也可能是人际关系方面的，帮助就既有物质方面的援助，也有个人思想、心理与认知方面的疏导。

农村社会个案工作是一种以农村个人或家庭为对象（也称案主）的社会专业工作。农村社会个案工作是采用直接的、面对面的沟通与交流，运用有关人际关系与个人发展的各种科学知识与专业技术，为农村个人或家庭提供物质帮助、精神支持，协助解决困扰他们的问题，并使其提高人际协调能力，完善自我人格，以维护和发展个人或家庭的功能，达到适应社会的目的的一种工作。从以上定义中，大致可以概括出农村社会个案工作的一些基本特点：第一，农村社会个案工作是以专业知识和技巧为基础的社会专业工作之一。第二，农村社会个案工作注重取得对象的信任与配合，从旁协助和鼓励对象自己去解决问题。第三，农村社会个案工作的目的是帮助个人或家庭摆脱困境，以达到与社会的良好适应。

（二）农村社会个案工作的原则

农村社会工作者在开展个案工作的过程中必须坚持一些基本的原则。第一，有效沟通的原则。这一原则要求工作者以诚恳的态度面对任何对象，在与对象沟通的过程中，尽量理解对象表达的意思。工作者不仅仅满足于表面、肤浅的了解，而是要帮助对象深入地探索自己的情绪、想法及行为上的问题。第二，尊重对象自决的原则。社会工作者应当坚持这样的认识，即每个人都有自我决定的能力，即便社会弱势群体的人员也不例外。即使对象有逃避、放弃或推卸"自我决定"的趋向，工作者也应以包容的态度鼓励他们提高自决的能力，同时要培养对象的独立性，不要养成对象的依赖心理。引导对象参与对问题的剖析以至解决的整个过程，工作者只是从旁提示、劝导与协助。

（三）农村社会个案工作的技术、技巧

1. 个案会谈

在农村社会个案工作中，会谈是经常用到的一个基本的技术手段。个案工作的整个过程中都涉及会谈。就一次会谈的本身来说，涉及开始、进行与结束等不同的阶段。第一，开始阶段。这一阶段所涉及的话题具有一般性，应根据会谈对象的实际状况对谈话内容做调整。第二，进行阶段。这个阶段是与对象会谈的关键程序和环节。第三，结束阶段。当会谈的主要目的基本达到后，会谈便进入结束阶段。总之，会谈结束时应是一种轻松、和谐与合作的气氛。

2．家庭访谈

一般来说，个案工作的会谈大多是在社会工作机构和访谈对象家庭进行的。进行家庭访谈时，还应加以注意的事项有：第一，访谈的目标应当明确。否则，很难取得实际的效果。第二，访谈的态度应当严谨而随和。社会工作者是代表机构行事，其态度和言行应当严谨，同时要合乎当地的风俗习惯和访谈对象的社会背景。例如，我国各个农村地区有各自的风俗习惯，许多少数民族地区还有一些特殊的禁忌，在访谈过程中工作者应尊重地方习俗，尤其注意不触犯特殊禁忌，以免引起访谈对象的反感而不配合访谈。

二、农村社会群体工作方法

（一）社会群体工作的含义与功能

社会群体工作，也称为社会小组工作或社会团体工作等，为社会工作的三大传统工作之一。社会群体工作是一种专门的社会工作，它通过社会工作者的协助与群体成员的互动互助，使参加群体的个人获得行为的改变、社会功能的恢复与发展，并达到群体目标，促进社区与社会的发展。社会群体工作的功能有三个方面：第一，影响个人发生转变。个人是依赖群体经验成长和发展的，当个人出现生存能力方面的各种问题或心理行为有偏差时，通过群体化过程，可以恢复个人的原有能力，更好地适应社会。第二，用集体的力量解决问题。在群体中，群体成员必须学习共同思考，团结协作，共同面对环境。这个过程既会增进群体成员与他人配合解决问题的能力，也可以用团队的力量来共同解决问题。第三，再社会化。群体工作通过帮助其成员掌握适应社会需要的新的价值观、新的知识、新的技巧，来改变群体成员的行为，使他们成为更适应社会生活的积极角色。

（二）农村社会群体工作的技巧

1．农村社会群体工作的一般性技巧

一是建立关系的技巧。群体工作者要通过一定的方法和策略与成员建立良好的关系，并促进成员之间建立良好的关系。二是领导群体的技巧。群体工作者有时是以群体领导的角色出现的，因而要能适当地运用专业技能与权威，主导和推进群体的发展进程。三是沟通的技巧。群体工作者是促进内部沟通和外部沟通的桥梁，自身要与成员沟通，也要促进成员之间的沟通，并且与群体外部的环境，如机构、社区、人员等进行沟通。

2．组织群体会议的技巧

（1）组织群体会议的技巧。第一，选择主题。会议主题的选择应当配合群体的需要，应考虑群体发展的进程、群体的特点、群体目标及群体成员的能力等多种因素。第二，开场介绍。会议开始时，主持人应当介绍参与者，或让成员互相介绍、认识。然后，引出会议主题，告知会议规则，以使会议顺利开始。第三，引领讨论。会议的中间阶段，通常是需要完成主要任务的讨论过程。把握好讨论的进程，将有助于群体完成大部分任务，促进群体成员解决问题。第四，归纳总结。要控制讨论的时间，使每一个议题都能得到充分讨论，不要匆忙下结论。在讨论结束时，要对本次讨论做出总结，阐明取得的成果或达成的结论、共识，并指出存在的分歧，说明要进一步关注和讨论的问题。要帮助群体成员把精力放在特别重要的讨论问题上，使他们对自己的观点更明了，讨论更有效果。

（2）群体会议中农村社会工作者的角色。农村社会工作者在组织会议时，根据情况扮演不同的角色是很重要的。在这一过程中，主要有以下几种角色：第一，示范者。以身作则，向群体成员示范他所希望的行为，表现出发自内心的尊重、负责和诚实。第二，促进者。农村社会工作者不是群体的主人，他不可将自己的意愿和主张强加给群体成员，而是应鼓励群体成员的参与，促进群体成员自己解决问题。第三，调解人。争论或争执总会发生，在这时，农村社会工作者应保持中立，帮助群体成员澄清问题，提供可供参考的信息，引导他们理智地做出决定。第四，支持者。支持群体成员已取得共识的解决问题的计划，促进他们有信心地完成计划。

第三节　农村社会工作过程

一、准备阶段

农村社会工作前期准备工作主要是为制定农村社区服务计划，寻找科学的理论依据和现实需求，通过实地调研、参与获得真实的第一手资料。准备阶段包括进入农村社区和认识农村社区。

（一）进入农村社区

1. 计划进入社区

在开展农村社会工作之前要通过好的方式进入农村社区，通过熟人关系或公务关系等不同渠道进入到某农村社区，要让当地行政部门和当地居民知晓和认可农村社会工作者的身份和任务，避免出现猜疑等不必要的麻烦。进入农村社区后，要熟悉该社区的自然情况和周围环境，即以社区工作中的社区行、入户访谈、座谈会等方式开展工作，以便对即将开展工作的社区有一个完整的了解。同时，还需要做大量的文献工作，如学习与该农村社区相关的历史资料和研究成果、当地村规民约及地方史志等档案资料。

2．协商进入社区

与计划进入农村社区密切相关的是为计划和将来的存在获得初步的支持和认同，整合农村社区的资源，支持要开展的社会工作。首先，要获得当地政府部门的支持，农村社会工作者要与当地政府部门相关人员接触沟通，要阐明社会工作者的目的和工作内容，政府部门的支持对农村社会工作的开展有着至关重要的作用。其次，村支两委作为当地的正式组织，通过沟通交流，对该地区的主要工作、存在问题及村支两委的工作目标有着清晰的了解和掌握，要配合其工作，获得他们的认同，为今后顺利开展工作建立良好的关系。最后，如果有机构也在当地社区开展项目，那么也要争取这些机构的支持与认可。从事农村社会工作，需要来自不同机构的社会工作者的支持与合作。

（二）认识农村社区

在做农村社会工作服务的前期准备工作中，首先必须详细了解农村社区的基本情况。因为获得大量、真实、有效的第一手资料，是制定科学合理的服务方案的基础。同时，了解农村社区的基本情况的过程也是与农民建立信任和专业关系的过程。

1．村庄的历史及现状

（1）挖掘村庄的历史文化与传统。农村社会工作者要做的首要工作就是深入了解村庄的历史沿革。首先要研究该村的官方的地方志、村史，没有档案材料的可以通过走访村民了解村庄的历史，很多村落就是通过口口相传来记录历史的。为此，口述史研究方法成为了解村史的重要途径。同时，还可以搜集和整理村的族谱和家谱，走访村里年长的村民或重要人物等。深入了解村史有助于农村社会工作者开展下一步的工作，做到有据可查和言之有物。通过口述史和村史的研究也可以有效地提升农村社会工作者的能力。

（2）掌握村民的基本情况。农村社会工作者要通过与村民和谐相处，充分掌握村民的基本情况。村民的基本资料包括人口规模和人口流动情况、人口年龄构成、性别构成、家庭类型和规模、民族构成和分布等；居住状况包括是否有足够的住房、住房面积及结构等；职业状况包括务农、经商还是外出打工的基本状况。生产和生活状况包括农作物种植和家畜家禽养殖状况，劳动及生产方式等、村民的饮食起居习惯及特点。

2．村庄社会组织的发展

农村的社会组织包括正式组织和非正式组织。村庄的各种组织直接影响着村民的价值取向和行为规范。农村社会工作者不仅要深入了解组织的规范和功能，而且还要善于运用各种组织资源为农民提供相应的服务。

（1）农村的正式组织。首先，农村的正式组织包括党政组织和权力机关。其次，农村的正式组织还包括村民自治组织。此外，正式组织还包括农村经济组织，如农村股份合作制经济组织、新型经济合作组织等。

（2）农村的非正式组织。农村非正式组织包括两种类型，一种是传统家族和家族组织不断复兴；另一种是村民骨干组合的兴趣小组，如秧歌队、腰鼓队等文艺队、体育队和民间工艺小组等。农村社会工作者在工作前期准备阶段，应当通过研究组织的运行模式及组织之间错综复杂的关系，深入觉察村庄的政治、经济、社会环境和文化脉络，为下一步的工作打下良好基础。

（三）认识农村社区的方法

农村社会工作者要做到耳聪目明、手脚勤快，做到眼观六路、耳听八方。眼观六路就是要善于观察细节，耳听八方就是要掌握聆听的技巧。要在农村社区开展工作，首先要广泛深入地开展调查研究。认识农村社区要通过鼓励社区内居民参加社区活动，动员社区居民协助发现、筛查社区存在的问题及服务需求，参与讨论并提出解决问题的可行性方法。认识社区有三项重要工作，探索社区背景、探索社区方向、探索社区动力并建立社区关系。探索社区背景包括社区的基本资料：人口及其特征、社区历史沿革、社区服务内容、环境设施、社区价值观念及社区资源等；社区居民及团体关系、权力分布；社区问题及社区需要。

具体方法有以下四个：第一，文献分析法。农村社会工作者在前期要获取丰富翔实的第一手资料。主要获取途径有人口普查数据；地方志或政府相关文件资料；媒体报道资料等。第二，参与观察法。农村社会工作者进入农村社区直接参与和观察，可以到社区活动场所、街道、田间地头等村民经常聚集的日常活动场所，通过与农村居民聊天、在共同劳动中自然交流，近距离观察其行为方式，了解社区居民真实的生产和生活状况。农村社会工作者不是被动的、纯粹的观察者，而是需要主动参与其中，与村民进行真诚交流。第三，访谈法。通过一般自由式聊天到深度访谈和口述史方法，获取一些社区的信息。第四，普查法。通过上面的研究积累，精心设计问卷或访谈提纲，农村社会工作者对村民挨家挨户地进行深入调查。这种方法适用于服务的整个过程中，普查能够系统全面地了解村民的要求和期望，能够跟踪评估服务的效果，并及时对方案加以修订。农村普查包括以下五个步骤：确定调查的主题和目标、界定调查论的问题与范围、设计问卷、问卷调查、数据整理分析。

二、介入服务阶段

（一）建立专业关系阶段

建立关系是农村社会工作的关键一步。这里所说的关系是指专业性关系，即社区工作者与服务对象之间为了完成共同的目标，在特定的时间和地域内，农村社会工作者运用专业知识和方法与服务对象进行心理、情感及外在资源整合互动，从物质上和精神上做好疏导治疗的充分准备。农村社会工作者要和村民建立专业关系，是为了让农村社区居民自我认知和主动寻求帮助，同时让村民知道农村社会工作者的身份和作用。农村社区工作者面对的服务对象更多的是整个社区的机构、团体和个人，很多农村社区在社会工作者介入之前，已经形成定型的价值观，具有历史传承下来的社会规范和历史文化传统。这些固有的观念使得村民对农村社会工作者的工作持怀疑和观望的态度。所以，农村社会工作者非常有必要让农村社区的所有机构、团体和村民了解社会工作者的角色和功能，得到村民的认可和接纳，主动配合社会工作者的工作。由此可见，专业关系直接关系到社会工作者服务效果的好坏。

1. 专业关系的类型

农村社会工作者与服务对象在这一阶段建立的专业关系有以下九个方面：提供配合服务对象需求的服务信息沟通渠道；了解与评判农村社区居民所遇到的问题，以及他们的自主自愿情况；决定如何提供进一步的服务计划；让农村社区居民了解社区工作机构的职责，以及社区工作者的能力与职责；解释清楚社会工作者服务的范围，认定服务对象的资格；建立和谐、畅通与合作的专业关系；共同协商服务契约的建立；确定农村社区居民、社区组织与社区领袖的角色；在服务的最初期就要为服务对象提供专业的帮助，获得专业的信任和树立专业权威。因为有村干部的带领，所以农村社会工作者调研走访会非常顺利。其原因是：第一，有了熟悉村内情况的村干部带领，可以少走很多弯路，还能从村干部身上得到很多有用的信息；第二，农村很多村民对外面的世界不够了解，可能还没有听说过"社会工作者"这个职业。如果社会工作者开始工作时就单独走访，很可能要吃闭门羹，甚至会被当作推销人员或其他不良分子而被拒绝；第三，社会工作者往往对农村社区不熟悉，甚至村庄的地形、住户分布都不清楚，会出现事倍功半的情况。农村社会工作者在开展服务之初，如果有村干部的认可和带领，不仅能够向村民讲清来历，让村民放心，而且同时还能增加社会工作者在村民心目中的分量，为社会工作者今后开展工作奠定基础。

2. 建立专业关系的原则

农村社会工作者与服务对象建立专业关系，应遵循以下原则：

（1）接纳原则。农村社会工作者对于服务对象要无条件接纳，不能抱有成见、偏见和排斥的态度，应当理解和尊重服务对象。目的是消除服务对象的疑虑和心理障碍，使其在一个轻松的环境中说出真实想法，以便全面准确地了解服务对象的问题，更好地帮助服务对象解决问题。

（2）沟通原则。农村社会工作者不仅要把服务对象看作弱势群体和被动接受服务的人群，更要视服务对象为朋友，以真诚的态度对待服务对象，积极主动地向他们表达自己的角色和服务计划。

（3）个别化原则。农村社会工作者所面对的服务对象各不相同，要区别对待，不可千篇一律、千人一面。这就要求社会工作者因人而异，重视服务对象的个体差异，做到有的放矢。

（二）需求评估阶段

1. 社区的问题和需求

如何了解和分析农民需求，对开展有效的社会工作非常重要。农民需求的界定取决于社会工作者看问题的视角。以优势视角看待农民问题，社会工作的介入关注农民能力和资产建设；以问题外化视角看问题，就会致力于提升农民的意识，使其独立自主地面对现实。如果用缺乏视角看问题，社会工作者的介入会侧重专业服务。因而以不同的视角看问题，社会工作者采取的介入策略各不相同。

2. 社区发展的动力和资源

第一，寻求社区动力。社区动力是指可以对社区的发展起到积极推动作用的力量。例如，社区村民的类型、社区中的骨干和"领袖人物"、专业的人员、支持和观望、反对社会工作服务的村民等。判断社区中是否有其他从事服务或公益事业的社会团体或组织，能否进行资源整合和效果最大化，开展多赢的合作。第二，发掘社区资源。发掘农村社区中可以借助的人力或物质资源，如医院、学校、幼儿园、敬老院、社区活动中心、残疾人温馨家园等，有些是可以共享的人力资源，有些是可以共享的物质资源。农村社区的干部、社区中有威望的人、专业技术人员、教育工作者等都可以成为积极参与行动的人员，成为"村民领袖"，可以协助农村社会工作者开展宣传、倡导和引进资源，以协助社区开展工作。

（三）制定服务计划

制定服务计划就是运用一些专业理论知识和原则、标准，按照实际的需求、环境条件，配合不同的资源，将社会工作者服务的时间安排和步骤合理规划出来。工作计划要能够保证按照既定的方向进行，同时可以加强工作人员之间的沟通和协调分工，使资源合理配置。

1. 服务背景资料

农村社会工作服务背景是指根据农村社区基本情况，总结分析农村社区所面临的社会问题及村民的需求。邀请社区居民参与，一起就问题进行排序，并整合出解决这些问题及需求可以利用的资源，以及短缺的资源、获取短缺资源的途径等。农村社会工作者在确定农村社会问题时，需要反复斟酌问题的真实性、紧迫性。动员社区居民参与分析服务人群的基本需求。其一，在叙述问题时，尽量用比较详尽的语言描述，不用或少用判断性、形容性的词语，如很差、很落后、不好等；

其二，协助农村社区居民确定问题的性质，并找出导致这些问题的原因；其三，协助农村社区居民确定问题的严重程度及影响范围；其四，引导村民思考通过自身努力可以解决哪些问题，需要采取什么办法等。

2. 服务目标及工作步骤

农村社会工作的服务目标包括长期目标和短期目标。长期目标是指比较宏观的目标，一般涉及社会政策的改变和社会不公平状况的改变。短期目标是指近期可以直接实现、可量化的目标。目标确定后，制定服务计划的内容则相对容易。农村社会工作者可以为社区居民提供社区宣传、社区教育、个案工作、小组工作、辅导就业、政策倡导等服务项目。在确定服务目标及内容时，农村社会工作者必须综合考虑可应用的人力、物力和财力。服务目标及内容必须切合实际，不可好高骛远，也不能缩手缩脚、裹足不前。

3. 服务方法及策略

农村社会工作方法主要包括个案工作、小组工作、社区工作及社会工作、行政方法等。行动策略主要是指农村社会工作者采取什么方式动员社区居民、调动资源及面对突发事件时的应急机制。农村社会工作服务策略包括冲突策略和合作策略。冲突策略包括服务对象合法的上访、集会、新闻发布会、静坐等形式，给相关部门施加压力，达到改变的目的。合作策略是指服务对象通过沟通交流、协商谈判等形式，选择双赢的方式达到预期的目标。农村社会工作者无论采用哪一种策略，都要以农村社会稳定和服务、对象利益为前提，做到遵纪守法，不能给农村社区居民造成任何伤害和不利。服务要能够促进村民福利改善、潜能发挥。服务还要能够促进村民组织健康成长。

4. 可行性评估

服务计划一旦制定，下一步就是要对各个活动的可行性进行评估。列出计划优缺点，要让村民参与进来，同时也要考虑资源的情况。评估服务计划可行性的一个重要方面是需要考虑到可能遇到的困难和阻力，进而讨论如何克服这些困难。除此之外，还需要随时根据实际情况的变化发展，重新修订或调整服务计划的内容。可行性评估包括三个层面的内容：是否有可靠的行政资源保障，如政府部门的支持、社会工作者服务督导系统等；是否有资金保障；是否有人力保障，如农村社会工作是否能够坚持按照服务周期完成每一个阶段的任务，农村社区是否有居民愿意参与服务项目的实施等。

（四）实施服务计划

1. 资源准备

（1）寻找合作伙伴。农村社会工作者要评估和联系相关的政府部门，建立合作关系，得到这些相关部门对服务的大力支持。

（2）搭建活动平台。为了尽快吸引服务对象参与进来，社会工作者要联系村委会，利用村委会的活动中心或其他公共场所、会议室等开展群众感兴趣的活动。如利用村内卫生室部分空间，使村民能够解决共同关心的问题。再如，建立农村社区服务中心，设有活动室、康复运动室、培训室、图书室等。增强村民的康复信心，提供康复者资源，并能吸引其他社区居民参与。

（3）构建社区支持网络。在农村开展社会工作者服务，支持网络建设是核心内容之一。要通过社区支持网络建设，增强服务对象之间的联系，保障服务对象通过支持网络系统获取相关资源。

2. 行动阶段

第一，为居民提供服务。这种农村社会工作的方式是最温和、最常态、最没有争议的方法，不会造成冲突或对抗，其所针对的目标不是资源、权力及地位分配的制度或结构问题，而是群众所需的社区服务的缺乏。第二，制造社会舆论压力。要成功地制造社会舆论的压力，首先要争取大众的同情与支持，其次是引起大众传播媒介的报道。第三，专业谈判。这是一种比较激进的功能做法，要谨慎采用。如果要在谈判中处于有利地位，使管理者接受所提出的要求和条件，那么拥有充足的证据和论证过程是关键。在行动过程中，要激励更多的群众参与到激烈的社会行动中来，同时争取社会舆论、社会团体及知名人士的支持。

3. 巩固成果阶段

其一，加强组织成员之间的联系。组织是按照一定的结构而结成的具有共同目标的人们之间的关系状态。组织有没有力量取决于成员之间关系的性质，组织内部有层级关系，加强组织力量就是要理顺成员之间的关系，这样的组织才是有效的。其二，建立组织稳定的资源系统。在人力资源方面，注意从居民中吸纳会员，从附近的学校和机构中招募义工；在物质资源方面，注意从辖区单位、居民、企业和慈善组织中筹集资金。其三，对组织成员开展专业培训。提高其专业素质和工作能力，尤其要提升其处理农村社区问题的实务能力。

三、评估阶段

（一）评估的类型

1. 问题评估

在制定农村社会工作计划时，需要对农村社区的问题作出评估。问题评估包括需求评估、问题确定、问题原因分析和资源评估。需求评估包括收集、排序和分析与问题有关的新信息。农村社区居民的需求一般有四种，即感觉到的需求、表达出来的需求、禁止的需求和比较需求。确定问题的困难在于，问题的主观性强，而问题的客观性受到影响。问题原因分析包括经济、政治、文化价值和个人态度等几个方面。资源评估包括对所有解决问题的实际和潜在的资源的分类。具体工作包括搜集参与或赞同该项社会工作服务计划的机构和农村社区组织，找出潜在的资源，确定社区中的支持者。在进行问题和需求评估时，一是要对涉及个人、家庭的问题进行评估；二是对涉及多个个体、家庭或组织及社区的问题进行评估。

2. 计划评估

计划评估是指为了改善目前和将来活动的服务计划和行动而进行的评估。在制定计划时，要系统收集相关的资料和成果，以评估服务计划的可行性和有效性。对计划进行评估的目的是使设计更适合农村社区，同时通过评估可以了解计划实施后目标有可能实现的情况及预期效果。计划评估主要看以下四个方面：提供服务资料并不断完善服务计划；农村社会工作者对于服务计划要不断地检测效果；使机构能够选择对组织及其参与者最为有效的计划；提供在农村行之有效和行不通的方法的资料，以便不断总结经验。

3. 过程评估

农村社会工作者按照农村社会工作的步骤，实施服务计划，解决农村社会问题，达到社会工作者服务的目标。对农村社会工作实施过程进行评估，目的在于获取有关服务的类型和数量的描述性资料；关注计划实施过程在多大程度上符合原定的设计。可以收集以下资料：提供多长时间、多少人次的服务；有多少人接受服务，其基本状况如何；受助者提出哪些关注的问题；参与这项工作的人员如何分工，时间如何分配等。通过资料收集，农村社会工作者对服务计划就有了基本了解，一旦发生突发情况，社会工作者就能及时整合资源、调整计划。过程评估是对社会工作者服务过程监督和评价的重要工具，评估工具包括资金流动情况、认识变动情况、培训和吸纳进项目的参与者的报告、实地考察及建立服务对象反馈机制等。

4. 结果评估

结果评估是为了了解服务过程是否实现了预期目标，结果评估是农村社会工作开展过程的重要组成部分。结构评估能够保证服务效果，可以促进和改善农村社会工作者的工作更好地开展，有利于经验的总结和及时发现问题并予以修正。例如，在农村社区开展为老服务，在活动开展的过程中，要针对老年群体对象的人数、性别及参与率等进行评估反馈。考察社区老年人是否通过社会工作者的服务达到了预期的各项指标的改善；老年人是否知晓社会工作项目并积极参与；通过服务社区的老年活动是否增加并能持续开展等。通过结果评估，获得的信息可以帮助农村社会工作者更好地了解服务计划开展情况，以及对服务对象的影响情况。

（二）评估的具体步骤

1. 界定评估目标

第一，所测评的结果必须是适当的。由于农村社会工作者的计划通常会涉及不同方面的目标对象的改变，所以在制定评估目标时，应当明确指出计划的预期对象，即从该项服务中受益的个体、团体、组织或社区，只有清楚界定计划的目标对象，才能清楚地考核服务对象在哪方面发生了预期的改变。第二，评估目标的描述必须清楚且明确。农村社会工作者应该知道社会工作者的介入要达到一个什么样的结果。目标要明白具体，便于操作，同时也有利于数据的收集和分析。为了使目标更清楚明确，可以在一般目标下分解出子目标。第三，农村社会工作者要在评估目标上达成共识，避免纷乱争议。第四，评估目标与农村社会工作的目标要联系起来，如果是阶段性评估，评估的目标一定要与过去的目标相联系，过去的目标为下一步目标奠定了基础。

2. 设计评估指标，评估服务效果

为了检测农村社会工作所取得的效果，需要设计一些可操作性的指标。操作性指标是通过服务目标具体化为可观察、可度量的过程而得出的。其一，操作性指标要使用具体的、可测量的专业术语。如具体社区为老服务中有多少老人受益，通过哪些活动提高老年人的社会参与度，如何建立老人的社会关系网络，服务前后老人生活有哪些变化等。其二，测量指标应当有效。如要了解某农村社区居民生活质量，以便设定以经济收入多少作为评估标准。但是，经济收入只能是测量社区居民生活质量的一个方面，如果要想更全面地了解其生活质量，就需要全面评估当地居民的收入水平、安全感、幸福感、文化生活、社会保障等。其三，使用多元化的评估标准。为了更好地评估农村社会工作服务效果就要设计多元化的测量标准，如评估一项农村妇女儿童服务项目，要评估该项目设计了哪些具体活动，这些活动有哪些作用、预期目标是什么等。

3. 建立成果评估方法

在评估中，成果测量的操作化是十分重要的，即把目标转换成可以观察和量度的指标。在将成果测量操作化时，一定要使操作性指标具体、可供量度，并且有效而适当。

4. 选择适当的研究设计

目标对象的改变受到多种因素的影响。在农村社会工作中，往往很难分辨哪些是影响问题得到改善或解决的主要原因。因此，为了证明服务计划或服务措施是否有效，可以采取控制组和时间序列测量的方法。将一个接受服务的群体和没有接受服务的群体加以对比分析，发现其不同之处。时间序列测量方法就是测量和比较不同时间段的成果变化，观察同一参加者在不同时段的差别。

5．收集评估材料，撰写评估材料

收集资料的常用方法有问卷调查、深入访谈、观察法等。应用不同的资料收集方法，所获取的资料有很大的差异，而全面准确的资料对农村社会工作评估有着非常大的影响。在实际工作中，农村社会工作很难被严格分成几个界限分明的阶段，每个阶段的内容也是交叉重叠的。农村社会工作者在从事实务工作时，不要拘泥固定的程序，要根据具体情况具体分析，灵活运用评估方法和手段。

第五章 农村社会工作发展的管理

第一节 社会管理与农村社会

一、农村社会组织

农村社会组织是农村中为了完成特定的社会目标、执行特定的社会职能并根据一定规章制度和程序进行活动的人群共同体。农村社会组织和农民构成了农村社会管理的主体。

根据是否有正式组织结构和正式组织章程，可以将农村社会组织分为正式社会组织和非正式社会组织。所谓正式组织就是指按法律规定而建立的组织，其余民间自己组织起来的、在法律上没有明文规定的则是非正式组织。

（一）农村正式社会组织

我国农村基层的正式组织包括政治组织、村民自治组织、经济组织、事业组织、群团组织等。例如：乡镇政权组织由乡镇人民代表大会和人民政府组成。农民专业合作社主要是从农民专业协会发展而来，两者的最大区别就在于合作社是经济组织，要从事包括社员业务和市场业务在内的经营活动；而农民专业协会则更多地表现为社团组织，主要在会员之间开展技术交流和技术推广，基本不涉及经济领域。如果农民专业协会应会员之需，不断拓宽业务领域，开展市场经营，就可能发展为农民专业合作社。农村基层事业组织是指从事教育、文化、卫生、体育、科技等事业。

（二）农村非正式社会组织

我国农村非正式组织呈现出明显的地域性特点，从全国的角度看，农村非正式组织呈现出三级梯度的状况：东部地区农村经济发展快，非正式组织十分活跃；西部地区农村非正式组织相对不是十分活跃，且以传统的以血缘关系为基础的非正式组织较多；中部地区介乎于二者之间。

首先是农村非正式组织的类型。农村非正式组织分别属于血缘、地缘、利缘、业缘和情缘5种类型。具体包括：一是农民自发的维权组织。二是非正式的合作组织。在现实中，农民自发的合作组织仍然在农村经济中扮演着重要角色，这些农民自发的没有依法进行登记的合作组织仍属于非正式组织的范畴。三是其他非正式组织。包括农村事务协调组织，如公益组织和文化娱乐组织，如左脚舞队、花灯队等。这些组织承担了一部分农村社会服务的职能。

其次是农村非正式组织产生及发展的原因。一是社会互助的需要；二是健康的需要；三是维护自身权益的需要；四是精神的需要。

最后是农村非正式组织发展对策。第一，建立规范的规章制度。在管理上，应根据其性质的不同，区别对待。第二，理顺农村非正式组织与其他组织之间的关系。第三，为非正式组织培养、引进人才。发展农村非正式组织要吸收优秀人才。可以依靠群众中有威望的人凭借自己的威望和权威建立一般性服务组织、维权组织。第四，构建有利于农村非正式组织的社会环境。政府需转变思想，促进农村非正式组织与政府、企业、城市民间组织、国外民间组织、国际民间组织的沟通和合作。

二、农村社会管理的内容

加强农村社会管理要充分发挥各级政府社会管理的职能，明确农村党支部、村委会的社会管理职责，并大力发展农村群众组织，加强农民自我管理。使农村社会组织和农民形成合力，共同搞好农村社会管理工作。

第一，发展农村教育。首先，普及和巩固农村九年义务教育，农村文化场所建立村级中小学生学习中心，帮助农村儿童顺利完成义务教育；其次，加强农村职业教育和成人教育，农村职业教育是农村教育中为农村经济建设服务最直接的部分。第二，建立健全农村社会保障体系，社会保障是建设社会主义和谐社会和社会主义新农村不可或缺的重要方面。首先，建立农村社会保障法律制度；其次，建立和完善各项农村社会保障制度。第三，搞好农村基础设施建设，无论是规划或是立法，都应尽快完善。第四，加大农村社会治安工作力度。随着改革的深化和社会转型的加速，不安定因素也在增多，这些不安定因素会对社会治安秩序造成一定的影响。因此，必须加大社会治安工作力度，做好维稳工作。第五，加强农村文化建设。首先，加强农村公共文化建设；其次，改善农村文化生活，主要包括：强化新农村文化队伍的建设；尊重农民文化生活的自身需求；发掘农村特色文化。最后，规范农村文化市场管理。

三、农村社会管理方法

（一）村民自治

村民自治主要包括：全面推进村级民主选举；全面推进村级民主决策；全面推进村级民主管理；全面推进村级民主监督。

（二）农村社会矛盾预警

社会矛盾经常成为诱发群体性突发事件的导因，农村社会矛盾在一定条件下可能会引发群体性突发事件。所谓农村社会矛盾预警，是指在农村社会突发事件爆发之前及初期，基层干部进行突发事件预测、预控和预防等。具体包括以下几个方面的内容：一是建立信息监测系统，收集处理潜在的预警信息，首先，完善信息监测和收集的体系；其次，建立信息报告制度；最后，加强信息处理工作。在农村社会突发事件管理流程中，预警阶段信息管理是最为关键的一个环节。没有及时、准确、传递迅速的信息和高效的信息处理，管理者就无法准确判断突发事件的征兆，示警、接警和处警链就会处于首尾不顾的瘫痪状态。二是健全超前联动排查机制及合力化解机制：首先健全超前联动矛盾排查机制；其次，健全矛盾合力化解机制。三是建立完备的预警信息发布制度。四是健全考核结账机制和责任追究机制：首先，健全完善考核结账工作机制；其次，完善责任追究机制。

（三）农村纠纷调处方法

1. 农村纠纷的类型

一是邻里型纠纷。由于各种利益关系，邻里纠纷成为农村一种常见的社会矛盾纠纷，这类邻里纠纷约占农村矛盾纠纷的30%。邻里之间经常因为道路通行、孩子吵闹、家禽家畜、口角等琐事而发生矛盾冲突。由于相互之间的近邻关系，"抬头不见低头见"，这类邻里之间的纠纷直接影响村民的和谐相处，如若处理不当，极易诱发打架斗殴、故意伤害等违法犯罪案件，增加社会的不和谐因素。

二是权属型纠纷。这类矛盾纠纷围绕财物的所有权、使用权而产生。如山林纠纷、水源纠纷、宅基地纠纷、土地使用纠纷等。这类矛盾纠纷一般有一定的历史渊源，遗留时间较长，涉及双方当事人的切身利益，矛盾较为尖锐，当事人双方为了自身利益，不愿意轻易让步，持续时间长，而且调解难度大，稍有不慎，极易引发新的矛盾纠纷，甚至械斗。

三是家庭型纠纷。家庭矛盾纠纷主要发生在家庭成员之间，往往源于夫妻情感、财产纠葛、父母赡养、孩子教育等，这类矛盾纠纷在农村较为普遍。有的家庭成员由于受文化、个性以及法律素质的影响，缺乏一定的谅解与容忍，有的在家庭中施展暴力，直接侵犯家庭成员的人身权利。

四是经济型纠纷。由于村民与组织间经济往来的增多，有的人不履行承诺，造成对方当事人的经济损失，有的人不愿意走诉讼程序维护自己的合法权益，而是采取"私了"的方式解决争端。结果，强行扣压财物、扣压人质的案件也随之发生，进而扩大矛盾纠纷。

2. 农村纠纷调处具体方法

要把农村的矛盾纠纷调处好，必须注重采用以下调处方法：

一是"整体联动"调处法。我国现有的农村社会纠纷调处机构和组织主要包括：人民调解委员会、基层司法所、政府信访部门和人民法院等。对于一般的问题和纠纷可以通过人民调解和信访调处的形式就地解决，对于牵涉面比较大的纠纷则需要多部门联动解决。首先，要完善人民调解制度。其次，要强化信访调处制度。最后，要建立农村矛盾纠纷排查调处联动机制。

二是"苗头预测"调处法。各级党组织、调解组织应提高"预防为主"意识，针对农村因季节变换，特别是农忙时节容易产生矛盾纠纷的特点，及时了解掌握社情动态，提前预防，避免群体性械斗事件或民转刑案件的发生。

三是"排忧解难"调处法。有些矛盾纠纷发生是因当事人在生产生活中确实存在一定的实际困难。根据当事人的不同心理状态，对其某方面的较好表现和做法加以褒扬激励，灵活应用，将取得意想不到的效果。

第二节　农村社会信息化管理

一、信息与农村信息

（一）基本概念

信息是为主体消除或减少某种不确定性的东西，它所消除或减少的不确定性越多，则表示主体收到的信息量越多。例如天气预报越详细，对未来24h内天气的不确定性减少越多，则信息量越多。农村信息是指为涉农人员、组织和农村社会消除或减少某种不确定性的东西。

（二）农村信息的特征

一是农村信息源的分散性。农村信息源的分散性，是指农村信息的来源多样化，有空间和地域上分布的分散性，也有时间上分布的不均衡性，还有涉及领域的分散性。二是农村信息表现的季节性。农作物的种植、生长、收获和销售受到四季气候的影响非常大，具有强烈的季节性，大部分农产品都是在上市旺季价格下跌、上市淡季价格上升，季节的更替使得农村信息表现出很强的季节性，这样的特点要求农村信息工作人员要实时、适时地采集、处理和提供各类信息，要根据季节变动做好预测工作，发挥信息对农业产生的预警作用和引导作用。比如，在农用薄膜育秧季节到来之前，农村信息工作人员应该了解农用薄膜的市场供应情况，如果短缺，要督促有关部门着手增加供应，不然过了育秧季节，信息的实效性就丧失殆尽了。三是农村信息价值的可扩充性。信息会随着时间和空间的变化而消失或扩充。农民朋友接受并掌握某些信息，将其慢慢变成自身拥有的经验，或者随着这些信息被利用而不断扩充，使其代代相传，并不断总结创新，以获得新的经验和方法。四是农村信息市场反映的滞后性。与其他产业相比，农业生产周期较长，有些农作物从种植到产成需要几年的时间，比如苹果一般需要 4～5 年，茶树也要 3～4 年，大多数的农作物、畜产品、渔产品也需要半年到一年的生产时间，因此市场有需求时，不可能及时供应，对市场需求的变化往往表现出滞后性的反应。市场需求量增加了，价格上涨，但产品产量不可能随之增长，只能刺激下一个生产周期。五是农村信息表达的通俗性。农村信息表达要通俗化，才能被农民朋友们吸收利用，农村人口相对文化素质比较低，在接受信息方面有一定的困难。只有将农业信息转化为各种相对通俗易懂的语言，农民朋友们才能更好地理解。

（三）农村信息的类型

人们可以从不同的角度对农村信息进行分类，按其反映范围的不同，可以分为宏观农村信息和微观农村信息；按其发生时间的不同，可以分为预测性农村信息、实时性农村信息和滞后性农村信息；按其所属系统的不同，可以分为农业生物信息、农业自然环境信息和农业生产活动信息。

为了更好地利用农村信息，按照信息反映的内容的不同，将农村信息分为生产信息、资源信息、市场信息、政策信息和技术信息五类，这也是农民需重点关注的信息。一是农村生产信息。农村生产信息主要是农业生产领域中（如种植和饲养等）关于农事活动的经验、知识和技术。二是农业资源信息。农业资源信息是指人们从事农业生产或农业经济活动所利用或可利用的各种资源的信息。包括自然资源信息和社会资源信息。自然资源信息包括农业气候信息、土地资源信息、水利资源信息、生物资源信息等。农业社会资源信息主要是人口与劳动力资源信息，具体来说，包括本地区的总人口数、年龄结构、劳动力数量以及劳动力在各行业分配比例及转移情况，农村科技示范户、农村家庭户等基本情况。三是农村市场信息。农村市场信息是在农产品贸易出现以后，主要包括农产品分级、市场价格、税收、库存和销售方面的信息等，集中表现在农产品的供求动态变化情况和价格的涨跌上。四是农村政策信息。农村政策是国家为改善农业运行和促进农村发展而进行行政干预的手段，农村政策信息是指与农村相关的政策法规制定、贯彻落实情况、基层和农民反映等方面的信息，包括农村收入政策信息、农业生产政策信息、农村投入政策信息和农村市场政策信息。五是农村技术信息。农村技术信息是随着农业科学研究和农业教育专门机构的出现而产生和发展起来的，它是指农业生产、加工等领域有关技术进步方面的信息，反映出农业科技有关的各方面事物的客观情况。

（四）农村信息管理的流程

农村信息管理是信息管理的一种，一般包括两个方面：一是对农村信息的管理，二是对农村信息活动的管理。农村信息的管理应该按照信息采集—信息加工—

信息存储—信息传播—信息利用—信息反馈的过程进行。

二、农村信息活动的管理

在农村信息管理中，人和信息是最关键的，需要有人去采集、加工有用信息然后通过合适的方式方法传输到最需要的农民手中。农民不是看电视、上网就能解决信息需求问题，更需要有人能够为其生产、生活提供周到的信息服务，以便解决其现实生产生活中遇见的难题，帮助其提高生产经营管理能力、物质和文化生活质量。

（一）农村信息活动管理的要求

农村信息活动必须以农民为中心，是指为达到生产、采集、传播、加工、使用、保护信息和充分实现信息价值的目的而开展的各项活动。要提高农村信息活动管理的绩效，必须做到：一是增强农民信息意识和信息获取利用能力。政府应采取有效措施刺激农民信息需求、增强农民信息意识和信息获取利用能力。首先是政策引导；其次是加强宣传；最后是能人示范。在示范过程中，发现问题，及时纠正，采取较易被多数农民接受的方式进行推广，充分考虑先易后难、由点到面的推广规律。二是精心策划信息活动。农村信息活动有时候是需要精心进行策划的，策划的好坏和收益的大小是息息相关的。

（二）农村信息管理的具体内容

1. 信息采集

信息采集是做好农村信息工作的基础和前提，农村信息管理的后续环节要基于此才能进行。

（1）信息采集的要求。第一，真。包括真实、准确、完整。真实是指信息的有无，要保证信息的"真"，信息来源必须可靠；采集信息的渠道力求最短，避免信息传播过程的信息失真；表述信息力求清楚、明白、准确，避免使用"大概""可能"这些模糊的词语。信息采集更加忌讳虚构杜撰、凭空想象、随意夸张。第二，快。即及时，农村信息的生命力在于时效，过时的农村信息，信息量再多也没有意义。"快"有三层含义：一是指信息自发生到被采集的时间间隔，间隔越短越快；二是指农民或组织能根据需求快速采集到相关信息；三是指采集某一项目所需要的全部信息所应当花去的时间，所花时间越少也就越"快"。第三，多。就是指所采集到的信息的量，也指所采到信息的系统性和连续性。"量"指的是较少的时间采集到较多的信息，效率高；"系统、连续"是指采集到的大量信息是自成系统、连续的，也指采集工作是系统连续的。信息的系统性和连续性越强，其使用价值就越大。第四，准。就是大家所说的针对性，指的是采集到的信息，其内容和采集目的与农村信息管理工作的需求要相关，在采集信息之前要对信息的需求和信息源的特点了解清楚，有所选择地采集信息，节约采集信息的时间和成本。所采集信息的相关性越高，适用性越强也就越"准"。

（2）农村信息采集渠道。现代信息的来源和渠道多种多样，但是要在信息的海洋里寻找出适合自己需要的有价值的农村信息，是很不容易的事情。这更多地会受人、时间和经济条件的限制。目前，农民朋友可以采集信息的形式很多，归纳起来，信息采集渠道可以分为以下几个方面：一是个人信息源。包括农村致富者、农村经纪人、农业信息员、农业领导人和管理人员、农业生产技术专家及农村经济问题专家等。农村致富者如养殖大户、运销大户、科技模范户，他们在种、养、加工、流通领域中都有一技之长，他们经济意识强，致富路子宽，点子多，信息灵通，是重要的信息来源。农村经纪人有着大量的市场信息。农业信息员熟悉各种农业信息源、信息类型，掌握现代化信息技术和通信设备，有很强的信息优势。二是组织信息源。主要是指农业单位和农业团体。包括农业行政管理部门、涉农科研院校、中介组织、专利部门等。三是媒体信息源。包括农业专业图书、电视、广播、农村板报和小喇叭广播、互联网等。四是数据库信息源。例如，中国农作物种质资源数据库、中国农业产品贸易数据库、农产品集市贸易价格行情数据库等。

2. 信息加工

（1）信息的鉴别：一是正规渠道的信息可靠性比较高。从信息来源看，通常正规的报纸、新闻上的信息可靠性比较高。网络上的信息鱼目混珠，需要分析再来判断。一般正规网站和官网上的信息可靠性高。但是有些网址故意使用与官网相似的域名，人们很容易误入这些可能是骗子做出来的网站。二是运用常理去判断。农村信息也是和一定的事实情况、客观道理相联系的。因此，我们要运用基本科学常识和常理去分析判断它是否属实。一些广告和网站上宣传的"一夜致富""一元创业""致富秘诀"之类的信息，只要运用常理和科学知识略加分析判断，就能看出它的欺骗性，农村的朋友更应该相信科学，相信勤劳致富。三是追踪调查，运用逻辑法进行核实。得到的信息如果不能保证准确性，就不能轻易行动。而置之不理也会错过机会，怎么办呢？跟踪调查信息的来源，再做进一步判断，或者寻找其他相关物证、人证来验证信息的可靠性，或者通过对信息本身所提供的材料进行逻辑分析，看有无前后矛盾、夸大其词、违背常理的情况。四是比较分析，进行查证。对信息本身进行追踪考究有时候也难以判断，可以拿它和其他方面的资料进行比较分析。如果出现矛盾就可以辨别真伪了。

（2）信息的筛选与分析。信息筛选是在鉴别的基础上，对采集到的信息作出弃取决定的过程。筛选是解决信息的适用性，在适用、精炼的信息中保留先进的信息。信息分析就是根据特定问题的需要，对大量相关信息进行深层次的思维加工和分析研究，形成有助于问题解决的新信息的信息劳动过程。一是要有独到眼光和超前意识。平时看到的、听到的各种各样的信息中，往往有一些信息是很容易被人忽略的。但是却有这样的一些人能够用独到的眼光去挖掘和发现这些信息的价值，加以利用，从而获得大量的财富。二是把信息组合起来综合推导。有时候单一的信息不能带来什么价值，但是大量相关信息组合起来，综合推导就是有用的信息。三是多角度思考信息的价值。同样的信息，有人觉得有用，有人觉得没有用，关键是从什么角度去分析它。不同的角度有不同的收获。四是用发展的眼光预测信息的价值。信息的产生、存在、发展以及变化都不是孤立的，过去的信息可以作为现在的参考，现在的信息又可以对未来做出预测。要善于用现在的信息对未来做预测，才能具有优势。应该利用各种科学知识和现代化手段对信息进行定性或定量的预测。

3. 信息存储

信息存储是指对加工后的信息进行科学有序地记录、存放、保管，以便需要的时候使用的过程。有的信息现在用不上或许日后有用途，信息的存储就是在于参考、待用和传播。在广大农村，资金、信息化程度、农民的信息能力不同，应该依据农民自身的实际情况、需要和能力选择信息存储的方式。

一是对于现场的信息，采用录制存储。口头上的信息或是某种现象，比如技术人员对农业情况的口头分析，某个农作物的现场情况等信息，如果不及时地进行记录或录制就不能保存利用。对于这类信息，如果有存储的价值，就可以采用视频录制、照片、录音等方式存储。二是对于文献信息，采用归类存档。文献信息应归类存档，如果有条件可以建立图书馆和资料库，方便大家查询。对于报纸杂志，还可以剪贴、归类后加以保存。三是对于网络信息，用电脑、U盘等设备存储。对电子信息的存储，可以用计算机、数据库、信息系统等技术，特别重要的应该多份备份，方便参考和重复利用。

4. 信息传播

信息需要流动起来才有价值，并且流动越快，传播越广，信息的价值就越大。比如农业气象信息，说：今天晚上有强冷空气，会大幅降温，希望大家做好防寒防冻准备。信息发布越早对大家越有利。如果信息发布或者获得信息的时候，冷空气已经到达，信息就没有价值了。因此，怎样提高信息传播的速度和广度，是农村信息管理工作的重点。

（1）信息发布。信息采集加工以后，需要通过一定的渠道发布出去，在我国，农村发布和传播信息的渠道主要是广播、电视、报纸、杂志、电话，还有互联网等。他们各自发挥着自己的作用。第一，口头发布。因为语言传播具有直接、生动和亲近的特点，口头语言发布信息成为广大农民朋友喜欢的信息发布方式，农村社会有着庞大的亲缘和血缘关系网，也很适合使用口头信息的发布。另外，如技术员下乡指导、村致富能手、农业信息员进行口头信息发布，都很受农民欢迎。第二，黑板报、宣传栏、标语等发布。农业信息员收集的信息可以通过黑板报、宣传栏、标语的形式发布，农民朋友也可随时看。第三，广播、电视、报纸发布。在农村，很多信息都可以用广播的方式告知农民，广播的传播范围广、信息量大。电视的真实感和现场感强，已成为最具效力的传播媒介之一。几乎所有与农业相关的信息都可以通过电视发布和传播，如农产品市场行情、新农产品推介、农业科技信息等。报纸尤其是专业报纸在信息传播中居特殊地位，像《农民日报》《中同农村经济》等，或者是一些新闻性报纸都会有很多农民致富信息和新技术介绍。第四，互联网发布。现在越来越多的农民可以通过手机、电脑等方式上网，上网获取信息已经成为当前最流行也是发展最快、最有前景的方式。很多涉农的专业性网站和地方政府农业网站是快速、便捷地获取各类免费信息的好去处。第五，农博会发布。各种类型的农博会是展示各地的农业发展成果、推动交流、促进农业相关产品贸易的博览会。农博会是一个信息交流的大平台，是个长见识的大市场，也是农业知识的大课堂。很多农民朋友到农博会都表示是来学习的，如养殖技术、脱粒机的一些使用技术、养牛的指导性技术、柑橘种植技术、葡萄嫁接技术都很受农民欢迎。

（2）信息传播的有效性。信息传播的有效性指的是信息经过传播到达受传者时，仍然真实可靠，而且传播速度快、数量大、投入小。信息失真是导致信息传播丧失有效性的主要因素。如何提高传播的有效性，要从造成信息失效的原因入手，具体来说，有以下三个方面：一是传播主体的原因。在农村信息传播中，农民是传播主体，他们中很多人信息素养不够高，并没有意识到信息的重要性，不会去主动获取信息。二是传播渠道的干扰。信息传播渠道有口头的、媒体的、网络的，信息是在渠道中流动着的，在这过程中会有很多的信息传播者和信息接收者，每经过一个层次，信息就要受到该层次传播者的一次综合，并根据自己的理解再传播出去，每一次的综合和理解都不能保证信息完全不变，以致使信息失真。三是客观传播障碍的存在。客观传播障碍主要有：科技信息量大的机构远离农村、农村现代化信息服务手段较少、农村的网络建设不够完善，信息化水平低、现代化传播技术更新很快，来不及学习和掌握。

5．信息利用

信息利用是指有意识地运用存储的信息去解决具体问题的过程。信息加工中对筛选保留下来的信息进行分析和转换，使信息具有了使用价值，而信息的利用是实现了信息的价值，使信息活化。

一是农村政策信息的利用。国家的一系列政策对乡镇企业发展的推动很大，充分利用农村政策信息，有益于把握机会，降低成本，寻求致富之路。并且农民可以通过在线访谈、领导信箱、市长电话等渠道进行政策信息的了解或提出相应的建议。二是农业生产信息的利用。农业生产信息是反映生产过程状况的信息。它涉及生产季节进度、农产品质量、设备状态、计划完成情况等生产过程中或生产领域内所存在的问题。农业生产信息时效性很强，很多农业信息的价值会随着时间的推移而降低。尤其市场行情、天气预报等都是瞬间信息，失效最快。三是农村科技信息的利用。农村科技信息指的是和农村生活相关的科技信息，包括农业科技成果、科技实用技术等。这一类信息很大部分是一些农业专业机构和研究所发布，也是农民致富的好帮手。善于利用新的科技信息才能真正致富。四是农村市场信息的利用。现在农村发展大规模经济的步伐越来越快，对市场信息的关注就越发重要。农民必须走向市场才有出路。养肉牛的农户要关注全国牛肉的价格和牛肉供求情况，实时调整自己的养牛策略，利用市场信息要根据自己的情况来选择自己需要的信息；搞种植的可能要关注粮食的市场信息；搞养殖的要关心蛋、奶、肉的市场信息。

6. 信息反馈

信息反馈是将利用某信息后得到的结果（即反馈信息）与利用该信息前对结果的预测相比较，以期获得该信息利用效果的结论，借以指导下次信息利用的过程。农民朋友们依据信息作出决策时，需要密切注意不断变化中的客观实际情况，因为万无一失、一劳永逸的决策是不存在的，通过一定的反馈信息，消除不确定因素，优化决策，对决策方案适时进行调整和修改。信息反馈也是一个过程，包括反馈信息的获取、传递和控制的实施。因此也要注意反馈信息的真实准确、信息传递的迅速及时、控制措施的有效适当。

第三节　农村社会发展项目管理

一、项目的内涵

（一）项目的概念

项目是在一定时间内为了达到特定目标而调集到一起的资源组合，是为了取得特定的成果而开展的一系列相关活动。它的完成需要具体的主体、目标、计划、技能、投入和管理，是一项系统的工作。项目实际包含了三方面的含义：一是项目是一项有待完成的任务，有特定的环境和任务；二是在一定的组织机构内，利用有限资源完成任务；三是任务要满足一定性能、质量、数量、技术指标等要求。与生产活动相比，项目具有更强的目标性、效益性、规范性和可控性。

（二）影响项目成功的因素

一是内容选择是否合理和可行；二是预算和预算执行状况；三是时间计划和进度控制状况；四是项目产出的质量状况；五是不确定性和风险因素的控制情况，包括市场风险、自然风险和支持风险等。

二、发展项目的内涵

一是发展项目涉及的领域：发展项目涉及的领域十分广泛，包括机构能力建设、人力资源发展、制度与政策框架的设计、产业和行业的促进与发展、资源保护和资源管理，以及教育、卫生、基础设施建设项目，和针对特殊目标群体的妇女与发展项目、儿童与发展项目等。二是发展项目的分类：按资金的来源可分为同内发展项目和国际发展项目。按发展项目内容可分为农业发展项目、林业发展项目、环保项目、社区综合发展项目和工程建设项目。

三、发展项目设计

一般来说，发展项目设计主要包括以下几个方面：一是项目区总体情况及相关领域状况分析。这一部分主要包括项目区简介、气候、地形、地貌、相关领域政策和其他现状、基础设施等。二是立项理由。主要包括项目区相关领域存在的问题和问题产生的原因，通过什么样的项目活动可以解决现有的问题以及为什么可以解决这些问题。三是项目活动组成。这一部分主要根据项目资金范围所分配的各方面的内容，也是项目活动的设计部分。四是项目区社会经济状况。这一部分主要包括项目区社会经济特点、农事系统分析和与项目内容相关的分析等方面，为项目的社会经济方面的可行性提供依据。五是项目执行机构。这一部分主要讨论与项目内容相关的组织机构分析以及这些机构的财务状况、技术实力等内容。六是项目实施、运行和检测。这一部分主要包括项目所有活动的实施时间表、实施程序及项目运行和管理的内容。七是项目预算。这一部分主要涉及项目的总体费用，包括设备、材料、人员等。八是项目社会和经济效益。这一部分主要指项目给当地带来的社会、经济影响。九是风险分析。这方面主要是指对风险的探讨控制或降低风险的措施。

四、项目周期管理的概念和作用

一旦形成了一个农村发展项目，就要对其进行管理。

（一）项目周期管理

项目周期又称为项目生命周期，是项目计划与执行所遵循的顺序，是一个项目从产生想法、到计划、到执行、到监测、到评估、到调整、到再监测、到结束、到后评估等一系列按顺序展开的不同活动。项目周期管理明确规定了项目生命中不同阶段的管理活动和决策制定步骤程序。项目周期管理提供了一种结构，确保向受益者征询意见和提供有关信息，以使项目生命周期主要阶段的决策有充分的依据。这首先要形成统一的战略，明确指导具体行动的思路，为实现项目目的而工作，然后进行策划、实施和评价，并调整项目策略和行动。

（二）农村发展项目周期管理

农村发展项目周期管理是一套对农村发展项目进行识别需求、提出解决方案、执行项目以及结束项目等阶段管理的方法。通过农村发展项目周期管理，可以保证项目各利益相关者的意见得到充分考虑，同时还可以确定农村发展项目各阶段所需要做出的重要决定、需要收集的重要信息和需要开展的主要活动，从而可以保证在关键时候做出有依据的决策。

（三）项目周期管理的主要特点

一是规定性。项目的工作范围、进度计划和成本方面都有明确界定的标准，每个阶段都要规定关键性的决策、信息要求和职责义务。二是累进性。周期中各个阶段是累进式的，即各阶段要成功完成本阶段任务后，再去处理下一阶段的任务。换句话说，项目不同阶段之间存在有机的联系。在资源投入方面，开始时费用和人力投入较低。在后面的阶段需要越来越多，当项目结束时又会急剧减少。三是学习性。新的项目要吸收以前的评价结论，将过去的经验教训作为项目管理的重要一环，通过学习过去的经验教训，从而调整未来的项目活动。

五、项目周期管理的内容

首先是识别需求。当需求被客户确定时，项目就产生了。因此识别需求是项目生命周期的最初阶段，具体又分为以下几个阶段：

一是需求识别。这个阶段也可以由客户单独完成，客户识别需求、问题或机会，是为了更好地开展业务，使自己看到一个有可能改善现状的结果或者提高项目带给自己的好处。

二是项目选择。项目选择包括评估各种需求和机会，然后决定该把哪个需求和机会作为项目来执行。各个机会的收益和结果、优势和劣势都需要认定和评估，定量或定性、有形或无形的评估都可以。定量的收益可以用财务的指标来衡量，比如销售收入的增长或是成本的降低。还有一些是无形的收益，比如一个公司提高公司形象。另外，每个机会都应该有量化的结果，比如项目完成所需的成本，或者项目实施中对产量和收益的影响等。当然还有一些非具体的结果，比如某一特殊团体的反应。考虑到这样的一些因素，做项目选择时应该分为以下几个步骤：首先，制定一套评估机会的标准。制定的标准包括定性和定量的因素。其次，列出每个机会的假设条件。例如，组织村民大规模养殖各种牲畜，一个假设可能是要能得到一笔银行贷款。最后，收集每个机会的信息。要确保做出一个正确的项目选择，必须有相对完整、全面和及时的信息支持。收集与每一个机会有关的基本财务估计。

三是需求建议书的准备。提供工作说明书，包含客户要求，定义好的规格和属性、载明需要客户审批的内容、项目的进度安排、结论、附件等。

四是申请书征集。其次是提出解决方案。为了回复客户的需求建议书，由有兴趣的组织或客户自己的项目团队设计发展相应的解决方案，是项目周期管理的第二阶段。项目开始于识别需求阶段的完成，结束于选出执行解决方案的个人、组织并签订合同。再次是执行项目。执行项目，即实施解决方案。项目执行阶段的计划部分应该比申请书中更详细地展开计划、进度和预算。这在申请阶段并不一定能够得到保证。最后是结束项目。项目周期的最后一个阶段是结束项目。此阶段开始于项目工作结束之时，也就是项目的工作成果已经符合要求，得到客户的认可。

第六章 农村社区化建设

第一节 农村社区化概述

一、农村社区化的基本概念

（一）农村社区化的内涵

从现阶段农业生产发展趋势来看，工业化、城镇化、农业现代化使直接从事农业生产的人口日趋减少，农村剩余劳动力不断向工商业转移，随着企业增加和多种经营的发展，许多居民点由原来单纯性的农业生产点，正逐步向农、工、商、农、林、牧、副、渔相结合的生产点发展，原有农村居民点不断演化成为工农、城乡结合的新型农村社区。

农村社区与城市社区比较，主要有以下不同。一是农村社区人口密度低，同质性强，流动性小。同时，农村居民点较之城市更具有群体性特点，集镇、中心村、基层村之间，在政治经济与公用设施方面都有密切的联系，其相对独立性比城市社区弱。二是农村居民点更具有明显的地方性特点。它不仅规模小，而且建筑密度低，一般要求每户都有院落，房屋不宜盖高层，宅前宅后种花植树。三是农村社区居民仍以农副业生产为主导，农业生产以土地为劳动对象和生产资料，整个生产过程主要在居民点外围土地上进行，它受到土地情况和耕作半径的制约。现阶段农民所从事的职业由单一的农业生产向多元经营转变，但并不会完全放弃农业生产。四是相较于城市社区，农村社区的社会生活应具备的社区服务设施及基础设施资源仍不够完善。此外，农村社区成员邻里关系比较密切，血缘关系更为浓厚等。

（二）农村社区化的具体内容

农村社区化是对一个集镇、中心村或基层村内部进行的规划。它的主要任务是：对农村社区内的住宅建筑、公共建筑、生产建筑、道路、绿化、给水、排水、电力、电讯等各项建设进行统筹安排，并通过规划图纸和文字说明书来指导农村社区建设，达到有计划、有组织地配套建设和协调发展的目的。比如，对一个村庄或集镇来说，按照总体规划部署各项建设用地，把用地控制起来，把应该保留和继续利用现状的部分和近几年计划建设的项目画在图上，落实到地段上，用于指导农村社区建设。

农村社区化的具体内容。大致可涵盖以下六个方面：

1. 农村社区性质与规模定位。内容应包括：一是规划目标，包括村庄、集镇总体发展战略与目标，经济发展目标，产业发展目标（农业、工业、服务业等），社会事业发展目标，基础设施发展目标，生态环境保护目标等；二是村庄、集镇性质，通过分析发展现状与条件，确定村庄、集镇发展性质；三是村庄、集镇规模，包括人口规模、用地规模等。

2. 农村社区结构与土地布局。内容应包括：一是总体用地发展方向。结合村庄、集镇内山水的自然走向，规划形成功能互补、结构分明的组团式空间结构。结合土地使用现状、土地供给潜力及村庄、集镇规模，确定农村社区总体用地方向。二是住房建设发展与用地布局。主要规划住房发展目标、住房发展策略、居住用地布局与用地指标等。三是公共设施发展与用地布局。按照城乡统筹原则，主要规划行政管理、教育科技、文化娱乐、医疗保健、商业金融、社会福利等设施的用地布局。四是生产设施发展与用地布局。应预留产业转型、产业集中以及远景产业用地，规划生产设施，发展用地规模。五是农村社区建设用地平衡规划。除以上用地布局外，还包括集镇物流仓储、交通、绿化等设施远期建设用地规划。

3. 农村社区基础设施规划。一是道路交通规划。包括村庄、集镇对外交通、区内交通（主干路、次干路以及支路）规划。二是给排水设施规划。包括村庄、集镇用水量预测、水源选择以及管网布置，污水管网、雨水排放系统规划等。三是电力设施规划。做好负荷预测，建立适度超前的电力供应系统，做好道路照明工程规划。四是通信设施规划。包括电信网络、广电工程、邮政工程规划等。五是燃气设施规划。对村庄、集镇气化率、用气量进行预测，做好气源规划。

4. 农村社区环保及环卫设施规划。一是环境保护规划。包括大气、水、声、固体废弃物处置等环境质量控制以及具体的环境保护措施，做到在发展经济的同时，有效保护和优化生态环境。二是环卫设施规划。包括生活垃圾收集、道路机械清扫、粪便排放管道化等规划目标，促进城乡环卫协调发展。

5. 农村社区绿地及景观风貌规划。一是绿地系统规划。充分利用村庄、集镇自然地形地貌，结合生活居住用地分布，构建科学合理的绿地系统网络，建设生态型宜居社区。二是景观风貌规划。充分利用自然生态山水景观，塑造农村社区特色，加强对街道沿线建筑、开放空间的景观塑造，凸显村庄、集镇特色文化内涵。

6. 农村社区综合防灾规划。包括村庄、集镇的防洪、消防、抗震、人防以及地质灾害防护等方面的规划。

（三）农村社区化的基本要求

一是遵循有利生产、方便生活的要求。规划首先必须符合发展农业生产的要求。

农业生产以土地为主要劳动对象和生产资料，整个生产过程主要在田间完成，村庄、集镇的分布一般常以耕作半径或人畜往返田间的时间来衡量，而居民点的规模大小与耕作半径的平方成正比。耕作半径取决于生产力发展的水平与农业机械化程度。规划建设必须有利于发展生产，同时把"衣、食、住、用、行"五者安排好。从生产来考虑，农村社区规模不宜过大，人口不宜过分集中；从生活来考虑，规模越大、人口越集中越好，便于安排和经营生活福利设施及提高使用率。

二是遵循有利于充分发挥集镇中心功能的要求。集镇与村庄是一个有机联系的整体，集镇、中心村、基层村的关系密切，农村普遍形成了以集镇为中心的一个星座状的居民点分布体系。集镇中心的位置一定要适中，既要有利于生产，又要方便生活，还要有利于乡镇管理。

三是规划必须处理好国家、集体、个人三者关系。要贯彻党的政策和群众路线，调动群众参与村庄、集镇建设的积极性。规划要把乡村集体和农民个人的力量与智慧汇总到新农村建设中来，使之成为组织广大农民进行新农村建设的具体纲领。要总结推广民间优秀传统建筑技术，善于让群众掌握规划，组织群众实践规划，促进规划顺利实施。

四是规划要注重综合性。村庄、集镇的组成因素比较广泛，要把繁杂的内容有机地组织起来进行全面安排，统一在规划之内。这就要求统筹兼顾，综合考虑经济效益、环境效益和社会效益的统一，把农、林、牧、副、渔、工、商、文教、卫生、行政等各行各业以及群众的衣食住行等方面有机组织起来。规划不能盲目照搬城市的模式，村庄、集镇主要是面向农业生产，以及林、牧、副、渔、小型工业、手工业等生产，规模也不像城市那样大，同时农村道路运输量和人流量相对来说较少。规划应避免让公路横穿村镇，特别是中心区部分或集市贸易场地，以保证公路畅通和正常的集市贸易。

五是规划必须因地制宜，反映地方特点和民族特色。广大农村地域辽阔，各地自然条件、风俗习惯不相同。农村社区化应结合历史条件、自然条件和民族风俗习惯，在布局建筑形式、院落用地、建筑材料等方面就地取材，反映当地农村的特点和民族特色，决不能搞标准设计、通用设计，不能由上级包办代替，反对机械套用一种模式的做法。

六是规划必须体现远近结合、分阶段实施的要求。规划建设要有科学的预见性，既要适应当前需要，考虑建设的可能，又要考虑远期发展。在长期建设过程中，由于认识上的局限性，存在着规划失误的可能性，方案本身必须具备一定弹性，以便根据形势需要，对规划内容不断加以改进、补充和完善。应正确处理远期与近期、需要与可能的关系，合理确定各项建设的标准、规模、速度。对现有设施包括旧房、道路、水井等，不要急于拆除，可逐步给予改造和更新。特别对一些有保存价值的传统民间建筑以及名胜古迹、革命历史遗址要加以保护，不能任其遭受破坏、淹没和拆毁，而应组织到规划中来。多数村庄、集镇布局经过历史的考验，应尽量在原有基础上改建扩建。确实需要选址新建的项目，必须充分节约用地，防止乱占耕地，尽量利用荒地、薄地、坡地，山区要提倡依山建村。

二、农村社区化基础资料的收集与分析

农村社区化建立在客观事实的基础之上。由于每个村庄、集镇的自然条件、性质、规模和发展速度各不相同，规划内容随具体情况而有所变化。它必须以准确而充分的客观资料作为基础。因此，在规划设计之前必须调查研究，收集和分析必需的基础资料，如自然资料、经济社会资料等。

（一）自然资料

1．地形及地形图资料。具备比例为 1：10000～1：25000 的村庄、集镇地理位置（地形）图，表示所属行政区划分、公路、铁路、江河分布情况；具备比例为 1：1000～1：2000 的村庄、集镇范围地形（测量）图，标明村庄、集镇范围地形、地貌、坡向及建筑物现状情况。目的是从交通、经济联系、排水、防洪、避风等方面来确定或检验村庄、集镇的地址。

2．气象资料。包括当地历年、全年和夏季的风向、风向频率、平均风速、污染系数、降水量、暴雨情况和气温等。气象资料是考虑农村社区功能布局时的重要因素，也是确定农村社区化总平面图的重要依据之一。尤其是当地的主导风向、风向频率、风速、污染系数等与规划更为密切。

3．水文及水文地质资料。包括当地江、河、坑（塘）、湖的常年水位、水量、水质情况；历史上最大洪水位淹没范围；地下水的水位、水质、水量；现有大口井位置和数量，井水的水位、数量、井位、出水量。这些资料用以确定村庄、集镇生产和生活的供水方案。

4．工程地质资料。包括农村社区化范围内的上土层分布、土质情况、土壤承载能力、废旧坑塘的回填情况，有无溶洞、滑坡及地下矿产资源等情况，以便考虑村庄、集镇用地合理布局的可能性和经济性。

（二）经济社会资料

1．人口资料。它包括规划范围内现有人口户数，每户平均人口，年龄构成和文化程度分析，人口分布状况和特点，人口自然增长率，男女劳动力的数量、利用情况以及每年新增劳动力的情况等。人口资料是确定村庄、集镇分布与人口规模，各项公共建筑的数量与规模，住宅数量及供电、给排水等公用设施的重要依据。

2．农业、工副业生产情况资料。一是农业区划和工业、交通等经济方面的历史、现状及发展规划，分析经济发展对农村社区建设的具体要求。二是农业（包括农、林、牧、渔各业）方面，主要资料有：农产品生产情况，土地利用情况，农业机械化

程度，农机种类、数量及使用情况，农业产值等。三是工副业方面，主要资料包括：生产情况，即生产项目、产品、产量及产值；原料来源；销售方向以及职工人数；今后发展计划，包括扩建和新建项目及规模、建设期限、产供销关系、职工人数以及运输量、用水、用电量等。通过以上资料的分析，了解农、工、副业生产对农村社区建设有哪些具体要求，为研究村庄或集镇的性质、规模和发展方向提供可靠的依据。

3．土地资料。包括农村社区范围的用地总面积，其中旱田、高产田、水田、菜地面积各占多少，单位产量多少，还应该具体了解山林、果树、牧场、荒地等面积。

4．交通运输业资料。包括村庄、集镇之间交通运输量及流向，铁路、公路、水运情况及其建筑设施状况、使用情况、存在问题以及发展计划等。

5．给水、排水、电力、电讯等基础设施资料。主要是各项工程设施的现状和存在问题以及今后的发展计划等。

6．住宅建筑方面的资料。包括住宅建筑的质量、居住水平、平均每户建筑面积、建筑形式和建筑构造特点以及存在的问题、住宅建设计划等。搜集这部分资料，有利于确定住宅建筑标准，在研究传统建筑形式和构造方法的基础上，为选择或设计新建住宅方案提供必要的资料。

7．行政机关和经济管理机关的建筑情况和占地情况。

三、农村社区总体规划

（一）农村集镇的分布与规模

农村集镇的分布密度不仅与行政体制密切相关，而且同当地的经济条件、人口密度、交通条件等也有关系。每个农村集镇，都担负着它所联系区域内的生产和生活核心作用的功能。有些集镇由于它所处的地理位置、交通运输条件等原因，它的经济联系区域已超越了行政区域的管理范围，具有这种性质和作用的农村集镇，可以说是集镇群中的中心集镇。在确定集镇的人口规模时，应根据发展规划中提出的要求，分析各行各业在集镇上要兴办的项目（包括生产和生活服务），分析可能提供多少人力从事于非农业生产活动，切实为农村社区化建设提供可靠依据。

（二）村庄的分布与规模

确定村庄的规模须考虑以下几个因素：一是考虑耕作方便。一般应以耕作距离（村庄的中心至耕地边缘的最远距离）作为村庄与耕地之间是否相适应的一项数据指标。耕作距离大，村庄的规模相应大一些，反之耕作距离小，村庄的规模则小一些。二是考虑建设条件的可能。在确定村庄的发展规模时，要考虑具体的村址、自然条件是否能满足农村社区建设的要求，包括地形、建设用地大小、水源、电源、交通等建设条件。平原地区受地形的约束相对少，但要注意水源等条件；丘陵山区地形变化复杂，应注意选择地段、用地大小、水源等条件。三是满足农民生活的需要。规划和建设一个农村社区，要有适当的规模，便于合理地配置生活服务设施。要按农村社区的类型和规模大小，分别配置不同数量和规模的生活服务设施。

（三）农村社区大型公共建筑的配置

应解决乡（镇）范围内各个村庄和集镇的大型公共建筑的合理分布问题。在总体规划中，唯有面向全乡（镇）服务的规模较大的公共建筑才属于大型公共建筑。一是要根据村庄、集镇的类型、规模大小和所处位置的不同，分别配置作用和规模不同的公共建筑。集镇以下规模较大的中心村，也应配置一些大型公共建筑，如学校、影剧院等，但不是在每个中心村都配置这些项目，要从乡镇的范围内统一考虑、配置得当。二是要充分利用原有的公共建筑设施。农村社区建设，多数是在原有村庄或集镇上进行改建或扩建，应充分利用已有的公共建筑设施，不要轻易拆除。确实需要新建的大型公共建筑项目，要根据当地的财力、物力等情况，对哪些项目需要先建，哪些可以缓建，作出统一安排。

（四）村庄、集镇之间的交通联系和电力、电讯、网络等工程的规划

总体规划的一项重要任务就是解决村庄、集镇之间和主要生产基地之间的交通运输、电力、电讯、网络等联系，这样农村社区才能形成有机的整体和具有生命力的生活、生产单元。村庄、集镇之间的交通运输规划，目的是解决农村货流和客流的运输问题；电力、电讯、网络等工程设施的规划，应保证每个村庄、集镇都有电力供应的可靠条件，能通过电讯、网络工程取得便捷的通信。

第二节　新型农村社区建设

一、新型农村社区建设的主要特征

（一）新型农村社区建设是人们自觉地有计划地推动社区变迁的过程

新型农村建设是国家制度在规划性的改革过程中发生变迁后所得到的产物，它是我国城乡建设和新农村建设的重要决策，也是能够使农村居民享受现代科技文明下的技术成果的重要的战略决策。一方面表现在其着眼点是社会整体发展和进步，在党和政府的领导和支持下，有目的、有组织地改善农村社区经济、政治、社会、文化、生态状况的一个过程。另一方面则表现为在新型农村社区建设具体实践中，通常情况下，新型农村社区的建设是在根据农村社区的实际要求和农村

的实际情况而制定符合社区发展的规划和工作的计划，然后根据制定完成的社区规划和计划进行新型社区的建设工作。由于社区的规划要体现社区的历史遗留、社区的现状以及社区以后的发展概况，因此在制定时要体现其规律性和在未来发展的基本思路以及政策的支持和选择，同时也是人们对社区建设和发展的自觉性和能动性的充分体现。在新型农村社区建设的过程中，做好区域的规划建设，明确社区的功能定位，能够有效地提高社区建设的自觉性和能动性，规范和引导社区建设的进程，推动社区结构和功能的优化、社区关系的协调和社区资源的整合，培养社区成员的认同感和归属感，充分发挥社区成员在社区建设中的主体作用等。

（二）新型农村社区建设是一个综合性的社会系统工程

这种综合性不仅表现为其内容涉及农村社区发展的各个方面，如社区的经济、政治、文化以及环境的发展等。同时它也包括农村社区的物质文明建设、精神文明建设以及软硬件设施的建设，不仅建设的内容具有很强的综合性，而且新型农村建设的手段以及方法也存在着很强的综合性和系统性，如在建设过程中所使用的经济手段、行政手段、法律法规手段、社会手段等。另外，新型农村社区建设所追求的目标和依靠的力量也不是单一的。新型农村社区建设的目标是农村社区的全面发展，使农村社区与整个国家的社会生活融为一体，并且通过新型农村社区的建设实现城乡一体的同时能够有效地推动社会的发展。新型农村社区建设是在党和政府的领导下，统合各个社区的主体力量共同参与的社会过程，而并不是单纯的政府行为或是民间的活动。在新型农村社区建设的过程中需要动员社会各界的力量，并且将其有效地整合才能最终实现新型农村社区的成功建设。它的这种综合性的特征决定于社区要素的多样性和社会因素的复杂性，由于新型农村社区是人们生活的共同体，同时也是社区成员生活和发展的统一体。因此，以促进农村社区的全面发展为目标的新型农村社区建设就应该涵盖这些要素和生活方面。

（三）新型农村社区建设是具有鲜明地方特色的农村社区再造过程

由于社区是一个地域性的社会生活共同体，因而新型农村社区建设也自然具有明显的地域性特征。这种地域性的特征，一方面表现为新型农村社区建设主要是根据本社区成员的需求和愿望，统筹规划并且能够合理利用社区现有的资源，大力发展社区的事业，解决社区的问题，才能够有效地提高社区成员的生活水平。而社区成员则是新型农村建设的主力以及建成后成果的享受者。新型农村社区建设虽然离不开外部的支持，但就本质而言，它更是一个内生的过程，它主要建设的对象是社区，强化的是社区内各要素以及社区机能的过程。因此，大力动员和整合社区成员的主体力量来参与社区的建设，是新型农村社区建设的基本立足点，更是能够完美实现新型农村社区建设的关键。另一方面，这种地域性的特征则表现为新型农村社区建设往往要受制于本社区的地理环境、人口构成、文化传统等要素。因此，建设新型的农村社区要根据原农村的地域特征和地貌特点，要尽量地保留该地域原有的风土人情以及乡土味道、农村的特点等，避免千村一面的事情发生。这样使农民在享受新型农村带来的生活品质和服务的基础上还能够回忆起以前家乡的样子，使农村保持乡土田园风光和地方特色。

（四）新型农村社区建设是一个长期的动态的发展过程

我国新型农村建设是以社会发展的工业化、信息化、城镇化以及农业现代化的发展为基础条件进行的，但是我国工业化的发展、信息化的发展、农业现代化、新型城镇化的发展进程是一个长期复杂的发展过程，并且持续处在发展的动态过程中，不同的时期具有不同的特点，因此，新型农村社区建设也将是一个长期的过程，不同阶段其侧重点也往往会有所不同。这就要求我们必须以发展的观点，用动态的视角去看待和推动新型农村社区建设，要看到新型农村建设的长期性、复杂性以及困难程度。切忌对其进行简单化、浅薄化的理解，更不能不顾客观实际，揠苗助长，只有这样，才能保证新型农村社区建设顺利健康地发展。

二、新型农村社区建设的重要意义与现状分析

（一）新型农村社区建设的重要意义

1. 加快推进新型农村社区建设是构建城乡一体化发展格局的客观需要。
2. 加快推进新型农村社区建设是实现农业生产方式现代化的必然要求。
3. 加快推进新型农村社区建设是促进城乡公共服务均等化的重要依托。
4. 加快推进新型农村社区建设是创新农村基层社会治理机制的重要平台。
5. 加快推进新型农村社区建设是提高农民生活质量、实现全面建成小康社会的重要途径。

（二）新型农村社区建设的现状分析

一是对新型农村社区建设的内涵认识不清，常常低估新型农村建设的长期性、复杂性以及艰巨性。二是资金不足制约了新型农村社区建设的进一步发展和发展的不平衡。

（三）新型农村社区建设的路径选择

1. 发展农村经济，增强农民参与社区建设的动力。
2. 强化规划引领，全面推进农村人居环境综合整治。
3. 加强农村基础设施和公共服务平台建设，推进公共服务均等化。

三、新型农村社区化建设的基本原则

（一）坚持以人为本，走城乡一体化的农村社区发展道路

发展的目的是人的发展，发展要让人感觉到自在，使人成为主体又是客体，以对人做了什么来评价农村社区化建设。要正确处理好农村社区整体与局部、社区建设与耕地保护等方面的关系，坚持把发展经济与改善民生更好地结合。农村社区的发展依赖于区域经济社会的整体发展，应坚持统筹考虑镇区与村庄、村庄与村庄之间的关系，合理布局村庄、集镇规模与空间形态，增强集镇的集聚功能与辐射能力，促进城乡一体化进程。

（二）坚持因地制宜，凸显农村社区自身特色，走向更广泛的群众参与

编制农村社区总体规划，应明确农村社区性质，注重保护历史文化资源，延续传统文化特色，将自然景观和人文景观有效组织到农村社区空间中。应保护性开发利用山体、河流水系、天然植被、林木矿产、特色民居、文物古迹等各类资源，打造各具地方特色的村庄、集镇景观风貌。我国地域辽阔，国情丰富，农村社区化应坚持多样化，多样化发展可进一步增强它的稳定性。农村社区化与建设要有利于村民实现主动城镇化，避免被动城镇化，其成果应普遍尊重民意，大力完善社会资源汇集、转化、输送等参与渠道。这些可发掘的社会资源可以广泛包括地方上的专家、乐于参与的村民、地方机关、学校、社团、慈善事业机构以及工商企业等。

（三）坚持生态持续原则，着力推进绿色、循环、低碳发展，走可持续发展的农村社区发展道路

城镇化过程既是城镇人口占总人口比重的表象变化过程，也是社会整体生活质量与价值观念的提升过程。绿色城镇化是一种城镇集约开发与绿色发展相结合，城镇人口与资源、环境相协调的模式。农村社区化与建设要适应这种新背景，全面体现绿色转型，形成节约资源和保护环境的空间格局、产业结构、生产方式、生活方式。要坚持走经济高效的农村社区发展道路，把农村发展与产业升级结合起来，建设特色产业集聚区，培育新的经济增长点。要坚持走资源节约的农村社区发展道路，集约利用土地，促使人口、资金向集镇集中，形成一定的规模效益，建设紧凑型农村社区；同时，构建弹性用地，发展框架满足市场发展的不确定性，妥善安排集镇近、远期发展空间，为远景发展留有余地。要坚持走环境友好的农村社区发展道路，科学预测适度的农村社区发展规模，完善居住区功能，创造富有活力、健康的居住区环境；重视水源、植被、耕地、风景等环境资源的保护与永续利用，建立与经济社会发展需要相适宜的灾害综合防御体系等。

第三节　农村社区化管理

一、构建适应农村社区化的社区管理模式

探索农村社区化进程中建立的社区新体制模式，对巩固发展农村社区化成果、促进社区社会经济的健康发展，有着十分重要的意义。我国现行的城市社区管理体制是行政型管理体制，即国家对社区实行直接的管理，社区内部一切事务都纳入国家管理范围之内。在国外发达国家，由于居民的自身素质和觉悟较高，通常是采用自治型社区管理体制，其政府行为与社区行为是分离的，社区管理贯彻自我管理、自我服务的方针，政府的社区发展规划，只能通过行政拨款的方式，社区予以配合才能完成。从农村社区化进程中建立的社区特点看，社区建设如果采用政府型管理体制，有可能挫伤广大居民参与社区管理的积极性，损害居民的某些利益，也不符合社区的发展趋势和居民的生活要求。如果实行完全自治型的社区管理体制，则可能削弱国家的基层政权，也不符合农村社区化进程中转制的社区实际，特别是对庞大的外来人口进行综合管理的要求。因此，有必要把两种管理模式结合起来，构筑以自治为基础、行政为导向的混合型社区管理体制，形成"小政府、大社会""小社会、大服务"的形式，充分发挥两者的优势。

农村社区化进程中，社区建设的目标取向和科学内涵可以概括为：在上级党委、政府的指导和帮助下，依靠社区的力量，利用社区的资源，强化社区的功能，加强社区管理，发展社区经济，开展社区服务，优化社区环境，完善社区事业，把社区建设成为有中国特色的，与社会主义经济、政治、文化发展目标相适应的、和谐的新型社区。

二、构建适应农村社区化的社区社会管理体制

目前，在实施农村社区化的地区，相当一部分的社区干部、群众的综合素质仍较低。因此，建立学习化社会，以最恰当的方式为原村民提供必要的知识和技能，帮助原村民改变陈旧落后的思想、观念、意识，树立与现代城市经济社会发展相适应的新思想、新观念、新视野，应成为农村社区化进程中必须着重解决的问题。

（一）农村社区化进程中构建学习化社会的特点和重点

农村社区化是个特定的历史过程，在这个过程中构建学习化社会，开展科技文化等综合素质教育必须考虑几个客观因素：一是农村社区化的区域主要在农村；二是与农村社区化关系密切的对象是农民，是农村社区化的基础、是农村生产力的发展。"农"字当头，是农村社区化进程中学习化社会构建的一个显著特点，并由此决定农村社区化中的综合素质教育除普遍性外，还有自己的特殊性，必须

从农村社区化的实际出发而有所侧重，要克服小农意识，转变原村民思想观念。城市化是社会的文明进步，要求人们的思想观念、思维方法和生活方式等都必须与之相适应。然而，千百年来小农经济的思想意识、传统习惯在农村根深蒂固，改革开放以来虽然有所改变，但从深层次看仍远未消除，农民阶层的局限性还经常不自觉地流露出来。旧的社会意识的存在，必将成为阻碍社会进步的桎梏。因此，帮助原村民改变陈旧落后的思想、观念，应成为农村社区化中构建学习化社会必须着重解决的问题。第一，要大力发展社区教育，提高原村民的科学文化素质。农村社区化的建设和发展，离不开知识，离不开人才；原村民思想观念转变也有待文化教育程度的提高。就文化教育的对象而言，目前刚完成村改社区中较主要的是三种人，即社区基层干部、从事劳动的中青年和在校中小学生。这些人是或将是农村社区化的主力军，他们的文化素质如何，对城市化建设举足轻重，社区教育也应主要面向这三种人。应从社区的实际出发，分层次、多渠道、方式多样、方法灵活地使他们得到更多受教育的机会。社区基层干部肩负着组织农村社区化中各项改革和建设事业的重任，因此对他们要有较高的要求，必须注重高等学历教育和全方位的综合培训。在岗中青年居民，由于其所从事的工作各不相同，因此应结合实际，重点开展合适专业知识的教育，做到干一行、懂一行、专一行。在校中小学生，他们中除少数学生有机会升学深造外，大部分中学毕业后即回到家乡参加城市化建设。随着社区经济的发展，对专业知识技能的要求愈来愈高，因此必须让他们在中学阶段除掌握普通教育的基础知识外，还应学到一些实用的知识和技能，使之离校后能很快成为家乡建设中训练有素的新生力量，要按照现代城市建设要求，切实抓好创建学习化社会的硬件建设。科技、文化、教育、卫生、环境等硬件建设要与城市的功能相配套，并列入本地区经济社会发展规划认真执行实施，以保证创建学习化社会的顺利落实。第二，通过多种载体，营造城市文明氛围。文化项目和文化活动的质量，在一定程度上体现了一个城市的文明水平。在社会生活中，城市和农村令人感到的一个明显差异就是其文化氛围。城市的文化气息更浓厚，文化生活更丰富活跃，使城市人也更加的具有文化气质。这种浓厚的文化氛围是城市文明的表现，创建学习化社会应注重营造浓厚的社区文化氛围，使之成为陶冶人民思想道德文化情操的重要途径。第三，转换管理理念，适应农村社区化的发展要求。随着农村社区化以后的行政管理体制和经济管理体制的转变，要求各级各部门必须加强学与，转换管理理念，以适应农村社区化的发展要求。

（二）农村社区化进程中构建学习化社会的途径

学习化社会是在全球变革的特殊时期中的一种新型城市现代化发展模式，进入知识经济时代和信息时代，以及农村社区化的全面推进，个人和组织只有终身学习、善于思考，才能不断适应现代化和农村社区化的发展要求。学习化社会的构建是一项系统工程，涉及教育和社会发展的方方面面，受到政治、经济、技术及其他各种条件的制约。因此学习化社会的构建必然是渐进的过程，是一项在实践中不断探索的创新工程，必须以前瞻的眼光、创新的思维、先进的理念、严密的组织体系、科学的运行机制、适当的工作载体来扎实推进。就目前的现实而言，农村社区化进程中构建学习化社会的关键是构建全民终身教育体系，建立学习化社会的最基本元素是学习型个人，而基本构成单位是学习型主体，诸如学习型政府、学习型机关、学习型企业、学习型学校、学习型社区、学习型家庭等。

第四节　农村社区服务体系建设

一、农村社区市场的建设

（一）通过农村社区市场的发展促进农村社区的发展

农村社区要发展，最重要的是达到社区的整合，使各个子系统全面发展、协调发展。因此，农村社区的发展离不开农村社区市场的发展。

首先，没有农村社区市场的发展，社区服务就会受限。如果社区市场不健全，很多企业不愿意进驻，就会导致市场商品品种有限，售后服务缺乏，最终影响社区的服务功能。同时，农村社区市场作为农村经济的一个子系统，发挥着农村经济的重要作用。经济发展是社区发展的基础，没有经济的发展，社区建设就无从谈起。要从根本上改变农村社区交通不发达、基础设施滞后、社区服务欠缺的问题，只有依靠发展经济。社区经济如何发展，培育和完善社区市场就是一条很好的途径。

其次，农村政治系统的发展也离不开农村社区市场的发展。政治子系统是通过社会控制来达到农村社区整合。由于农村社区风俗习惯和生活方式等受传统势力影响较大，使得其文化控制较强，组织和制度控制薄弱。而这与农村社区的闭塞、发展滞后有着直接的联系。因此，要加强社会控制，必须发展农村社区市场，促进农村社区与外界的交流，从而发展农村的文化系统。

最后，农村社区市场的发展有利于农村文化系统的培养。文化子系统是通过社会化来达到社区整合的。社会化最重要的途径就是教育。由于受经济、交通等的限制，农村社区的教育水平相当落后。虽然我国的希望工程帮助了很多失学儿童，但那是非常有限的。要发展农村社区的教育，根本途径是发展经济。此外，农村社区的闭塞，也不利于社区文化系统的发展。因此，可以通过发展农村社区市场，提高经济水平，促进农村社区与外界的交流。

（二）通过农村社区的发展促进农村社区市场的发展

农村社区市场是嵌入于农村社区之中的，因此它的发展必须以农村社区这个大环境的发展为前提。农村经济系统决定着农村社区市场的发展。我国的农村社区市场之所以发展有限，一方面，主要是因为我国农村交通不发达，运输不方便，交易场地简陋，基础设施滞后。农村社区市场很大程度上受交通的影响，在交通便利的地方，市场发育较好，反之，则较差。另一方面，农村社区居民的生活水平较低，所以农村居民的购买力差，导致市场的交换效率低。所以，社区经济不发展，社区市场也很难发展。

二、新农村社区文化建设

（一）农村社区文化建设的主要内容

1. 建设社会主义核心价值体系，增强社会主义意识形态的吸引力和凝聚力。在农村社区，应当采取灵活多样为老百姓所喜闻乐见的形式来开展社会主义核心价值体系的建设和意识形态工作，这是农村社区文化的核心部分。应当创造性地将社会主义核心价值观与农村社区传统文化和价值观念有机整合，突出共同的方面，打造包括社会主义核心价值在内的农村社区文化观念体系，并通过多种途径和形式使其深入人心。

2. 推进文化创新，增强文化发展活力。要解决好体制问题，通过改革创新使各种文化组织和文化活动主体都能积极参与到农村社区文化建设的进程中来，并使社区居民成为文化建设最重要的主体，促进农村社区文化建设形成深厚的根基，获得不竭的动力，更好地满足各方面的要求。

3. 建设和谐文化，培育文明风尚。和谐的观念要渗透到各种具体行为及其规范中，化为全体社区成员的共同行为。从婚姻家庭和谐、邻里和谐、老少代际和谐、男女性别和谐到干群和谐、内外和谐、人与自然和谐，培育和发展一系列文明风尚，改变落后习俗。借助科学技术手段，普及科技知识，弘扬科学和法治，构建农村社区群众科学文明、遵纪守法、和谐互助的行为体系，建设家庭美德、职业道德、公共道德和个人道德的良好体系。

（二）农村社区文化建设的具体内容

1. 物质文化建设。物质文化方面，指农村社区多数成员共享的各种物质文化设施、设备与生活手段和物质环境，也包括资源节约型和环境友好型农村社区建设（即农村生态社区文明建设）。农村社区的物质文化对其他方面社区文化的发展和运行起着重要的支撑作用，有时候物质文化方面的某个变革也可能带来其他文化部分的改变与进步，因此，要重视这部分文化的建设，使其更好地起到推动、促进其他方面发展并最终带来整体文化进步的作用。当然，也不应把这些视为农村社区文化建设的全部，它只是硬件的部分，离开了软件的支撑是不可能收到良好效应的。另外，也要注意和有关政府部门的规划与工程建设相结合，以便更好地开展和进行。

2. 农村社区精神文化建设。精神文化是社区文化的核心和主导力量，是社区文化建设成败的关键和内在决定因素。农村社区精神文化包括农村社区精神意识、道德情操、价值观念，行为准则等，可以把它大致归纳为观念文化和行为规范文化两大类。行为规范文化方面，指农村社区大多数成员较自觉遵守的一些道德伦理规范、礼仪习俗及日常行为的规则等。这部分内容很丰富，从家庭婚姻道德规范与礼仪习俗、邻里道德规范与礼仪习俗、公共道德规范与礼仪习俗到个人道德规范，从婚丧嫁娶的礼仪习俗到日常生活的方方面面的规矩和规则，包括语言的规则、衣食住行的规矩和习惯等。可以说，这是更直接影响农村社区成员行为和社区社会生活的文化事物，是社区文化建设的重点，同时也是难点。农村社区文化建设需要充分重视行为规范文化的建设，这在整个农村社区文化建设体系中具有承上启下的作用，也是老百姓最关注的方面，更容易获得群众支持，只要采取适宜的方式和方法，也能取得更好的效果。在农村精神文化建设中，乡村文明风尚的培育和建设这一块就主要涉及行为规范文化方面。观念文化建设的部分也可以理解为狭义上的精神文明建设，观念文化方面，指农村社区大多数成员共同具有的一些思想认识和价值观念等。它是农村社区文化的核心要素，以各种有力的方式对农村社区成员的行为实践和日常生活发挥着影响。在操作上这部分看起来比较虚，需要通过各种方法将其落实。比较有效的方法是开展各种教育活动，特别是适合农村社区特点的非正规教育和成人教育的方法，具体内容包括科学技术、法律和法制以及其他一般性的知识和观念。实际上，如果这些能够与农村社区群众所关心的问题联系起来，也是能够取得好效果的。

三、农村社区文化建设的基本方式

（一）农村社区文化的主体是农民

由于农村社区的文化特点，在这样的社会共同体中，若想要达到重建农村的目的，农民的主体性即参与、自治、共享是开展农村文化建设的基本原则。虽然农村社区文化建设的主体是农民，但也离不开农村社区组织，农村社区组织包括村委会、党支部、村学校等正式组织，也包括其他社区组织，特别是村民自发建立的那些组织，这些农村社区组织是农村社区建设中的重要方面，因此，要高度重视农村社区组织建设，既要重视调动和运用好已有社区组织的作用，也要重视开展新的社区组织发动和培育工作。此外，农村社区文化建设的主体是农民，这并不排斥外部力量的支持，因为某些文化资源是农村社区自身所缺乏的。从长远来说，外部社会组织和力量参与到农村社区文化建设中，可以促进文化的交流和联系，也对农村社区文化建设、城乡融合、共同发展等具有很大的益处。

（二）政府在农村社区文化建设中的重要角色

政府在文化建设中的作用主要体现在提供公共文化服务和为各类文化主体创造良好的政治环境、法制环境和市场环境等方面，具体来讲，就是要履行好公共服务、政策调节、社会管理、市场监管的职能。政府在农村社区文化建设的过程中担负着重要的角色。它既是农村社区文化建设的领导者和协调者，同时它又是直接实施者。农村社区文化建设首先要发挥党的领导作用，把握好农村社区文化建设的政治方向，加强农村精神文明建设。为此，要明确文化行政部门的职责，创新农村文化建设管理体制、实现政府职能由办公文化向领导文化建设的转变。

第七章　农村社会工作人才发展建设

第一节　农村社会工作人力资源开发

一、人才资源是农村社会工作中的第一资源

当前我国农村的核心问题其实只有一个，那便是农村人力资源的人才资源滞后与农村、农业发展的需求之间的矛盾，也正是这一矛盾，导致了农村经济的落后和日益凋零。农村经济的发展和社会的进步固然需要依靠外界环境条件的改善，但更重要的还是靠农民自己。要运用人力资源理论研究解决农业问题、农村问题、农民问题，就必然提出农村人力资源的概念。

（一）农村人才资源的界定及分类

什么是人才？什么是人才资源？什么是农村人才？养猪大户、种粮大户甚至农村唱戏的草台班子中的人，是不是人才？在农村，对这几个问题能够给出正确答案的人，估计不多。农村人力资源研究的对象并不局限于工作、生活在农村地区的人口，而应包括工作、生活在农村地区和已外出进城务工或经商，但仍具有农业户口的人口，即现实意义下的农村人口。而做好农村人才开发，这又是需要搞清楚的最基本的问题。不知道什么是农村人才，而把农村人才开发搞得热火朝天的局面是不会出现的。所以，开发农村人才资源，需要抓住农村人才的基础奥义，从基础的人才培养做起。

（二）农村人才基本素质要求

在"大人才观"日益深入人心的环境中，农村人才的能力素质要求有自己的特点，并随着我国农村经济社会的发展而变化。

二、农村人力资源的开发

（一）人力资源开发的概述

人力资源开发是在一定的自然、社会环境下，由执行者通过某些方式、方法帮助开发活动的接受者获得某种提升，并且谋求开发效益的最大化。这个执行者可以是政府、社区、社会团体或者个人。个人要根据自身的能力、特点做出开发

决策。通常情况下，学校是人力资源开发活动的主要承担者，通过教育、培训等主要措施提高人力资源素质。

人力资源开发活动的接受者，无论是个人或者团体，在接受开发方案之前，总是要先考虑自身的特点与开发活动是否相符，而不是盲目地执行和接受。所以开发活动的接受者具备双重身份，既是开发活动的执行者，也是开发活动的接受者。

人力资源开发的环境因素包括社会环境、自然环境、工作环境和国际环境四个方面。第一，社会环境，是指当前面临的政治、经济、文化环境，决定着人力资源的开发方向、开发程度。第二，自然环境，是指开发活动中需要考虑的制约条件，一方面要避免不利因素的影响，另一方面要因地制宜地加以利用。第三，工作环境，这会影响人力资源开发的程度，积极进取的工作氛围有助于加速开发，而消极拖沓的环境则会影响开发的程度。第四，国际的政治、经济、就业的大环境，这会对国内人力资源开发产生宏观影响。

（二）农村教育与农村人力资源开发

农村教育对农村经济社会的发展具有重要意义。经过九年义务教育和扫盲活动的开展，农民能够读书、看报、写字和计算，这些是现代社会生存的基本技能。对于农民来说，识字和计算是继续学习科学技术、计算种植成本收益的基础工具，具备基本文化水平的农民能够更广泛地接触外部事物，更容易接受不同的观点，更可能摆脱陈旧观念和传统生活模式。

教育可以输送新的价值观，因而通过学习能够增强农民的法律意识、竞争意识、对市场经济的接受能力，学会通过经济核算调整自己的经济行为，适应市场经济的大形式。具有较高科学文化知识的农民在劳动力迁移中更容易获得机会，增加收入，所以说没有农村教育就谈不上农村人力资源的开发。

研究发现，重新返回农村的外出劳动力中，文化程度低的回流的比例最高。究其原因有两方面：一是劳动力受教育程度低，又缺乏专业技术，难以获得稳定的工作，较难实现专业的转换，自身也不容易适应新的生活环境。二是受过较高教育的人更容易得到城镇社会的认同，容易接受新的专业或技能培训，容易获得令人满意的职业。

除此之外，还有大量研究表明，受教育水平对家庭生活等方面也有显著影响。在家庭中，父母受教育程度与子女的受教育程度有密切关系，父母受教育程度高的农村儿童的受教育程度普遍高于父母受教育程度低的农村儿童。

三、农村人力资源的数量

农村人力资源的数量是指农村人力资源的总量，包括现实的农村人力资源和潜在形态的农村人力资源，具体指农村中具有劳动能力、从事农业社会劳动的人口总数。

绝对数量＝劳动适龄人口－适龄人口中丧失劳动能力人口＋适龄人口之外具有劳动能力的人口。

具体地说，包括以下几个方面：第一，农村劳动就业人口，构成农村人力资源的大部分；第二，未成年的农村劳动者或未成年的农村就业人口；第三，农村老年劳动者或老年就业人口；第四，农村暂时求业人口或待业人口；第五，就学人口；第六，从事家务劳动人口；第七，军队服役人口；第八，其他人口。

以上前四部分是现实的农村劳动力供给，具有直接性和已开发性；后四部分并未构成现实的社会劳动力供给，具有间接性和尚未开发性，是农村人力资源的潜在形态和后续储备。

四、农村社会工作的内涵

由于国情不同，国内外对农村社会工作也存在着不同的理解。国外没有农村社会工作的概念，国外的学者更多的是从与城市社会工作的比较中来讨论农村社会工作的问题与特点，其中主要有包括四点：一是基于农村生活较城市生活缓慢，要求社会工作者必须要有耐心和自信心，给予服务对象更多的信任和关怀；二是基于农村社会环境的差异性和复杂性，要求社会工作者是具备综合能力的实践者；三是基于农村社会工作的实务模式是一种"系统功能主义"的实践模式，要求社会工作者在具体实践中没有偏见，能够运用系统的知识价值和技术发挥社会及个人的正向功能，以使农村社会良性运行；四是在具体的工作方法上，既要强调微观的个案工作，也要重视宏观的社区工作。在此基础上，有国外学者明确提出，农村社会工作应具备如下特征：即援助过程的持久性（基于农村生活较城市生活缓慢）、服务对象的特殊性（基于农村社会环境的差异性和复杂性）、实践模式的系统性等。

与国外的农村社会工作不同，中国农村社会工作更为特殊。对比国内外关于农村社会工作的认识来看，相同之处在于，他们均是从社会工作构成要素的角度来理解和认识农村社会工作，对社会工作者、工作对象、方法技巧等要素进行了不同的解读；不同之处在于，国外的农村社会工作对社会工作者的方法技巧更为强调，而国内的农村社会工作强调党和政府的领导地位，以及农民与农村的需求导向。

五、农村社会福利

社会福利与社会工作既有区别又关系密切。其中，两者之间的区别之处在于，社会工作是具体、直接地提供社会援助；社会福利包括一个国家的福利政策和所持的理念，主要是一种制度、政策的理念。

在现代社会中，以制度和理念形式存在的农村社会福利必须通过具体的社会服务活动才能达成，社会服务根据农村社会福利政策和理念制定并实行各种方案，进行活动时需要依据农村社会工作的知识、伦理、方法及技巧才能确保其功效。

六、农村社会工作的功能

作为社会工作的重要组成部分，农村社会工作无论在受助对象或是在农村社区方面也都发挥着重要的功能。针对受助对象，农村社会工作能够对单个的案例的主人公进行治疗，预防一些问题的产生，促进受助对象自身的发展；针对农村社区，农村社会工作在推进农村社会公平、促进农村社区整合以及维持农村社会稳定等方面也发挥重要作用。

当今农村社会，贫穷问题、就业问题、婚姻家庭问题、儿童问题、老年问题、残障问题、劳工问题等各种问题不断涌现。如何帮助农民适应不断变迁的社会环境，提升农民应对市场的压力，增强他们自我发展的能力，已经成为农村社会工作者义不容辞的责任。但从社会工作的历史进程看，社会工作的发展必须具备一定的社会制度背景。同样，农村社会工作在其发展过程中也有自己的独特社会背景，发挥着特有的功能。

而当前，中国政府各项涉农政策的战略调整为农村社会工作的发展提供了新机遇，在农村自治、农民教育、农业合作组织的建立或农民协会的培育、农村新型合作医疗制度的建设以及农村社会保障制度建立等方面，社会工作的介入是不可或缺的。中国的"三农"问题涉及一系列贫富分化、农地矛盾、农村教育、社会保障等社会问题，而农村社会工作在应对"三农"问题中还具备以下功能：

第一，解决社会问题，恢复农村社会功能。农村社会工作能够减少发展过程中出现的社会问题，恢复农村社区的功能。通过农村社会工作，对已经产生的社会问题进行了后期的补救，消除了问题产生的个人及社会环境因素。

第二，预防农村社会问题的发生。这要求农村社会工作者一是对可能出现的问题做出预警，提高农民应对现实问题的能力；二是强化社会支持网络建设，健全社会福利制度。农村社会工作者应该帮助农民建立社会支持网络，并且提升他们应对危机的能力。

第三，通过社会工作的努力，倡导政府调整和完善社会福利制度，积极动员并争取来自社会、社区、民间组织、慈善机构、富裕阶层等的力量（资金、物资、技术等），帮助弱势群体克服困难。

第四，增进农民的社会福利。从社会工作的发展趋势看，社会工作已日益成为现代社会福利制度的一部分，在这样的社会背景下，农村社会工作者在为农民争取到合理的社会福利待遇的过程中发挥着重要作用。

第五，促进农民潜能的提升。一个健康的社会，应该最大限度地谋求弱势群体的发展权利，不仅给予他们必需的生存资源，更要为他们提供自我发展和自主选择的空间和机会，尤其是将外来援助转化为自我发展的动力。农村社会工作者相信农民的潜能，致力于通过提升他们的能力，促使农民摆脱困境。

第六，促进农村社会的可持续协调发展。处在社会转型期的农村存在着很多社会问题，如农村人口老龄化问题，部分农民的生计问题等，这些问题如不及时妥善解决，将直接影响整个社会的可持续发展。而这些问题的解决需要农村社会工作者与农民群众的广泛参与，农村社会工作的功能在于通过大量细致的工作，不断地解决农村中出现的社会问题，理顺农村的社会关系，倡导健康文明的社会风尚，促进农村经济、社会的协调发展，从而促进新农村、和谐农村的建设。

第二节　农村社会工作人才队伍建设

一、新时期农村人才队伍建设的目标和方向

农村人才队伍建设要满足农村发展的多重需要：要满足农业现代化建设的需要，要满足农产品深加工业发展的需要，要满足农产品走向国内外市场的需要，要满足农村第二三产业共同发展的需要，要满足农村经济社会管理的需要，要满足农村劳动力向外部转移的需要等。

根据这些发展需要，要注重培养以下各类实用人才：

第一，要大力培养各类生产技术人才，如粮食种植技术人才等。

第二，要大力培养各种经营管理人才，如专业农户经营人才等。

第三，要大力培养各种市场营销人才，如销售人才等。

第四，要大力培养各种农村经济组织人才，如专业协会组织人才、科技协会组织人才、销售组织人才、信用组织人才、社区自治组织人才等。

第五，要大力培养各种事业专业人才。如教育培训工作人才、医疗卫生工作人才、文化工作人才、科技推广服务人才等。

二、加强农村人才队伍建设的主要途径

第一，继续深化县乡行政机构改革，精编减员，鼓励分流人才投身民营企业，参加或组建各种专业协会组织、市场营销组织、中介服务组织等，转化充实到农村实用人才队伍中来。

第二，招商引资、发展产业、吸引人才。利用本地优势吸引企业投资，同时又能大批吸收本地农民的就业，并使他们在就业中受到实训培养，进而成长为各种实用人才。

第三，要开展各种外向就业培训，鼓励外出创业，使农民逐步成长为各种有

用人才。

第四，为广大农民和农村居民的业余学习与自学提供便利条件。另外，一定要加强农村文化学习场所的建设，以便于农民集中培训学习及业余学习等活动的进行。有了这些设施条件，会有力地促进农民的学习，不断提高他们的知识水平。

第三节　农村社会工作人才培养

一、在科教兴国实践中开发知识经济人才

科教兴国是我们党和国家迎接知识经济时代的战略决策，举国上下，各级政府、各族人民都要把实施科教兴国战略作为自己最光荣最重要的任务，艰苦奋斗，脚踏实地地做好科教兴国的各项工作。知识经济人才应具备的编码知识和意会知识，靠封闭的学校教育、靠现有的教育管理方法是不可能完全得到的，只有在科教兴国的伟大实践中才可能获取。人们知道科教兴国的实践活动强调科学技术是第一生产力，要求农科教、工科贸统筹兼顾，促进科技与经济结合，大力提倡尊师重教、尊重知识、尊重人才。综上所述，人们可以看到，在科教兴国的实践中逐步建立国家知识基础设施，把科技教育看作国民经济的内在部分，实行经济行为中产、学、研一体化，强调知识生产、扩散和应用的根本目的在于求知和创新，在于发展经济。这表明，我国正在奋勇前进的科教兴国之路，正是通向知识经济时代的金光大道。人们要更加努力地实施科教兴国战略，进一步做好以下四方面的工作，培养、开发知识经济人才。

（一）树立经济知识化的新观念

各级党政领导，特别是第一把手要会创造尊重知识、尊重人才的社会环境，才会在科教兴国的实践中培养和开发知识经济人才。

（二）重视科教工作

增加科教投入，加大改革力度，切实把科教工作放在科教兴国战略中的主要地位。努力建立产、学、研密切结合的教育培训网络，加强职业教育系统，强化在职教育和上岗培训，把培训与创业、就业结合起来，推动终身教育，利用多种形式和渠道提高劳动者的知识素质。要变应试教育为素质教育，着力培养学生独立自主的分析能力、求知创新能力、关心的能力，培养开发大批能进入国际科学技术前沿的高级人才。

（三）大力推进科技与经济的结合，积极促进各种知识的广泛应用

知识经济把知识智力作为发展经济的决定因素，这就要求科教部门与经济部

门紧密结合。眼下这二者在结合上存在许多矛盾和问题，各级领导应下决心采取经济的、行政的、法律的各种手段，推进科技与经济的结合，促进各种知识在经济活动中的广泛应用。

（四）全社会万众一心实施科教兴国战略，开发知识经济人才

我们在这历史潮流面前必须深刻认识其重要性，提高自觉性，树立紧迫感，增强使命感。把科教兴国的各项工作做得更好更实，建立起国家知识基础设施，建立起富强民主的新农村。

二、扩大培训范围和培养内容

（一）培训范围

培训对象不但要注重对现役劳动力的培训，而且要做好农村后备劳动力的教育培训工作，并且着眼于农民法制意识的增强和良好社会风尚的形成。

（二）精选培训项目

一是抓好新增劳动力的就业培训，积极推进劳动预备制度，坚持先培训后就业，保证新增劳动力的素质。

二是紧跟市场变化，加强新行业、新工种的培训，如现代物流、家政、老年服务、电脑、网络、家电维修、汽车摩托车维修护养等，这些新行业需要有新的技工和服务人员。

三是瞄准农业产业开发，抓好农业技术培训，采用技术人员联场带户进行跟踪培训，让每个农技人员手把手、面对面地包培若干个农民或农户。

四是抓好劳务输出培训，要采用订单培训、种养基地培训等形式，做到培训一批，合格一批，输出一批。还要抓好种养基地培训，采用订单农业，建立基地，让农民带着自己的土地加入基地，边生产边培训，产学结合，发展绿色、特色农业。

三、人才培养

（一）农村基层党政干部队伍要实现"人才资源化"

我国农村社会的民风政治、生态环保、高效农业以及和谐生活的建设等任务非常艰巨，农村基层干部的担子重如泰山，所以，他们必须具有较高的综合素质和能力，如此才有可能适应社会主义新农村建设的需要。如果农村基层干部的素质都提高不起来，又何谈能够带领广大农民群众建设社会主义新农村，又何谈提高全体农民的政治思想、科学文化素质呢？

（二）要加快培育农村经济社会发展的知识人才

现在农村村民委员会具有最基础的政治、经济、教育、卫生和文化的架构，是我国最基层的小社会。随着改革开放的深入、经济社会的发展进步，随着中央重视抓农村两个文明的建设，农村的各种企业（包括农机公司、农具生产公司、经济作物生产公司、禽畜饲养公司、林业公司、渔业公司、农产品加工公司和日用品生产公司等）、各种产业技术推广站、禽畜医疗站、防疫医疗所、学校和文化站文化室等，这些农村政治、经济、科技、医疗、教育和文化的主要架构单位正在或将要建立、健全和发展。农村的现代化，说到底也就是广大干部和农民群众素质的现代化。而农村这种朝气蓬勃、欣欣向荣的局面，只有在基层领导组织和社会各方面拥有大批优秀的管理人才和科技人才时才有可能出现。可以说，在国家政策的强烈推动下，我国农村已经处在新一轮起飞的跑道上振翅待飞，正处在有史以来最强烈需要大量各种知识人才加盟的阶段。因此，需要采取果断的战略措施，一方面要加强农民的人才资源化，合理调控农村劳动力和知识人才的流动；另一方面要将城市里学非所用、剩余、闲置的各类专业人才，引导到农村经济和社会发展的各种岗位上去奋斗，最大限度地增加农村人才资本存量，挖掘人才资本增量，为农村经济社会发展的起飞积蓄能量。

（三）农村剩余劳动力转移要打"人才"战

现在近5亿农村劳动力中的4亿要在城市就业或从事非农产业，但农村劳动力的转移，也要讲究方式方法，不能把他们往市场上一推了事。从转移农民的职业发展、收入、经济社会发展等多层面考量，最根本的一条就是转移也要打人才战。其实，我们可以给流出农村的剩余劳动力一个更加大众化的名字——农民工，其作为现代社会建设的主力军，要不断提高自身的素质，因为其自身素质的高低会对影响到自身的生存和发展，还会关系到产业升级换代、社会大局的安定和现代化建设的推进，因此提高农民工素质，是适应企业现代化、社会大生产的需要，是社会安定、人民安居乐业的必由之路。在意识到提高农民工素质的重要性的同时，还需要国家政府、社会、企业以及农民工自身，通过多方的协作和通力配合，提高农民工素质，整合农民工市场，使农民工的综合竞争力提高，使其为社会建设更好地服务。

第八章　农村社会工作发展的战略性研究

第一节　社会主义新农村建设

党的十八大在部署全面建成小康社会的要求时曾特别强调，要实现"城镇化质量明显提高，农业现代化和社会主义新农村建设成效显著"的目标。可以看出，我们党自提出社会主义新农村建设的要求以来，始终在党的各项工作部署中不断强化新农村建设的重要性认识，提高全党、全国各族人民投身新农村建设的自觉性和主动性，不断完善新农村建设的政策和措施，从政策上、制度上保证新农村建设的科学发展。各级各部门按照新农村建设的"生产发展、生活宽裕、乡风文明、村容整洁、管理民主"的科学内涵和目标要求，切实在实际工作中加强领导、加强组织、加强推进，开创了社会主义新农村建设的新局面，为进一步推进新农村建设的科学发展奠定了坚实基础，也积累了宝贵的经验。

现时期，"没有农村的小康，就不会有全国的小康。没有农村的现代化，就不会有全国的现代化"已成为全党的共识。在推进全面建成小康社会的进程中，社会主义新农村建设是一项实现农村小康、实现农村现代化的有效途径，是中国共产党人在中国具体国情下探索总结形成的，是具有中国特色社会主义性质的我国农村发展道路。推进社会主义新农村建设的科学发展是我们的共同职责，其中存在的问题，需要从理论上提升、实践中改进，希望更多的专家学者和新农村建设实践者能够继续发掘和丰富，使之臻于完善，推进社会主义新农村建设持续向前发展。

科学发展是中国特色社会主义实践的经验总结，是推进中国特色社会主义事业的总要求。社会主义新农村建设是中国特色社会主义事业中的一项重要任务，其工作任务和本质属性都决定了必须在具体的实践中努力实现科学发展，必须在科学发展观的指导下，在深化改革中，在党的坚强领导下，开创社会主义新农村建设的科学发展局面。

党的十八大做出的关于推进经济改革的全面部署，是科学发展观对经济建设的具体要求，涵盖了经济建设的方方面面，体现了科学发展观的精神实质。社会主义新农村建设要在经济建设的全面科学发展中，创新农村经济发展局面，按十八大的部署搞活农村经济，努力提高农村自身造血能力。各行各业在实施经济建设科学发展战略中，要统筹农村经济共同发展，把农村经济建设作为我国基础性的建设任务列入计划，在农村经济持续发展的前提下，为各行各业提供坚实的基础保障。这本身也是科学发展观的内在要求。

党的十八届三中全会关于深化改革的重要性认识和全面深化改革的总体部署，展现了鲜明的时代特征，体现了党的信心与决心。改革向纵深方向推行，从整体综合方面部署，从经济体制方面着力，从顶层设计方面建构，包含六大领域、六大举措，是一个综合性、全面性的整体改革措施，必将在中国改革发展进程中产生积极而巨大的影响。党的十八届三中全会是中国特色社会主义制度自我发展、自我完善的一个全新的历史起点，是新的历史时期全面深化改革的行动纲领，也是中国特色社会主义制度改革进程当中新的里程碑。从历史的角度评价，改革站在了一个新的历史高度，展现出了中国共产党空前的勇气和决心。

回顾我国改革开放进程的历史，是一个不断推进、不断完善、不断与矛盾和困难挑战的历史。用实践证明了我们党自我净化、自我完善、自我革新、自我提高的能力。

党的十七届三中全会审议通过的《中共中央关于推进农村改革发展若干重大问题的决定》中，关于农村改革发展问题，已做了专门部署，其根本思想和主要内容，是在新农村建设中必须长期坚持并努力推进的工作，是我们党在新的历史进程中对农村改革发展的具体措施，需要结合十八届三中全会的改革精神持续推进和完善。

社会主义新农村建设是中国共产党在我国改革开放进入新的发展阶段提出的战略任务，是全面建成小康社会的一个重要内容。只有在党的坚强领导下，才能统一全党、全民族的思想认识，调动并激发社会各方力量投身于新农村建设当中；才能把党在新时期的农村政策贯彻始终，促进"三农"工作顺利推进；才能保障并维护广大农民的利益，切实落实强农惠农措施。

第一，要强化对新农村建设的重要性和必要性认识。随着改革开放的不断深入，我国工业发展已经初具规模并取得阶段性历史成果。在以经济建设为中心的进程中，工业经济成效凸显，影响力明显占绝对优势，而农业经济的影响和作用相对有限，在国民经济中的比例也相对降低。但农业仍是国民经济的基础没有变，仍是工业的基础没有变。我国总体已进入以工促农、以城带乡的发展阶段；我国农业基础仍然薄弱，最需要加强；农村发展仍然滞后，最需要扶持；农民增收仍然困难，最需要加快，这是摆在我们面前的国情和农村发展现状。所以，推进社会主义新农村建设的科学发展，首要的就是要把党和国家关于"三农"是全党工作的"重中之重"的思想贯彻始终，提高认识，始终把"三农"工作摆在更加突出的位置来分析研究、部署落实和强力推进。不能因抓工业容易出成效、容易见效益而弱化"三农"工作，或者出现思想上重视而行动上不重视的现象。我们强调的经济建设是"又好又快"的经济建设，其中的"好"蕴含了统筹协调、科学发展之意，蕴含了工农协调发展、城市农村和谐进步的思想，是我们以经济建设为中心应当树立的首要思想意识。

随着改革开放的深入，我国已进入全面建成小康社会的冲刺时期和全面深化改革、加快转变经济发展方式的攻坚时期。人们的思想层次、利益诉求比任何时候都复杂，做好群众工作面临的挑战比任何时候都严峻。市场经济为每一个中国人成就自己的事业和梦想提供了条件，也使人与人之间、地区与地区之间、行业与行业之间存在贫富差距成为可能。在开放发展中，有马克思主义思想，也有非马克思主义思想，有社会主义生活方式也有非社会主义生活方式，有维护群众利益的言行也有损害群众利益的言行。现实环境对做好新形势下的群众工作提出了新的要求和挑战。我们党的历代领导人从来都十分重视群众工作，时刻警醒我们，中国共产党的最大政治优势是密切联系群众，党执政后的最大危险是脱离群众。时刻教育全党，能否保持同人民群众的血肉联系，直接关系到党的生死存亡。每一位共产党员都清楚，我们党获得执政地位为进一步密切党群关系提供了条件，但也使党群关系疏远成为可能。早在党的七届二中全会上就曾指出，中国共产党要警惕执政后容易脱离群众的倾向。

现时期，"三农"仍是党和国家各项工作的"重中之重"。推进社会主义新农村建设是解决"三农"问题的有效措施，是实现并维护广大人民群众根本利益的具体工作，是全面建成小康社会、实现社会主义现代化的重大历史任务。只有加强党对新农村建设工作的领导，始终站在农民的角度，从农民的利益出发，把实现好、维护好、发展好农业、农村、农民的利益作为根本出发点和落脚点，社会主义新农村建设才会拥有坚实的群众基础、政治基础，才能为全面深化改革、推进社会主义市场经济又好又快发展提供有力的支撑。在推进新农村建设的科学发展中，最根本的是要实现广大农民的全面发展、科学发展。全面发展和科学发展，是指农民在政治文明、物质文明、精神文明上的全方位发展，不是指某一方面或某一利益的发展。这就是如今新农村建设与以往新农村建设最大和最本质的区别。而广大农民的全面发展、科学发展，只有在中国共产党的领导下才能实现，才能满足广大农民的根本需求。因为中国共产党领导的事业是中国特色社会主义事业，是全民族的事业，是为广大人民群众谋利益的事业。所以，需要加强农村基层组织建设、农村党员干部队伍建设、农村党风廉政建设。把农村基层党组织建设成为推动科学发展、带领农民致富、密切联系群众、维护农村稳定的坚强领导核心；把农村党员干部建设成为守信念、讲奉献、有本领、重品行的队伍。围绕农民权益保障问题，深入贯彻落实党的农村政策，加强监督检查，切实纠正损害农民利益的人和事，严肃查处涉农违纪违法案件，从制度上、工作上维护广大农民的切身利益。

第二节　农村社会工作在新农村建设中的地位研究

一、建设社会主义和谐农村的内涵

要理解社会主义和谐农村的内涵，必须认清社会主义和谐农村与社会主义和谐社会、社会主义和谐农村与新农村建设的关系。建设社会主义和谐农村是实现整个社会主义和谐社会的必由之路。和谐农村建设的内涵应以社会主义和谐社会理论为指导。构建社会主义和谐农村是新农村建设的应有之义，应以新农村建设的基本要求为目标。

因此，按照和谐社会理论和新农村建设的基本要求，建设社会主义和谐农村就是要把农村建设成为"生产发展、生活富裕、农村文明、村容整洁、管理民主"的社会主义现代化新农村。从社会文明建设的角度看，实现农村经济和谐发展，应坚持生产发展和生活舒适的原则；实现农村文化和谐发展，必须坚持农村文明原则；要实现农村生态和谐发展，必须坚持清洁乡村的原则；实现农村政治和谐发展，必须坚持民主管理原则。由此可见，构建社会主义和谐农村就是要实现农村事业的全面、协调、可持续发展。

二、农村社会工作在建设社会主义和谐农村中的地位

用社会工作思路建设社会主义和谐农村首先面临的一个基本问题就是定位。农村社会工作在建设社会主义和谐农村中的地位，必须从三个角度来考虑。一是从宏观层次上来说，农村社会工作是在马克思主义指导下的中国特色社会主义事业的一部分，我国农村社会工作的发展必须要以中国特色社会主义理论体系为指导思想。二是从中观层次，即从社会制度体系建设的角度来看，农村社会工作本身是建设社会主义和谐农村的内容之一，同时也通过自身的发展及发挥化解社会矛盾、解决社会问题的功能来促进和谐农村的建设。三是从具体的角色定位的角度来看，农村社会工作在社会主义和谐农村建设中与政府、农民之间的关系是什么，也就是说，农村社会工作在具体的实务工作中是承担什么样的角色和责任，这也是值得人们探讨的一个问题。

（一）农村社会工作是马克思主义指导下的中国特色社会主义事业的一部分

党的十六届六中全会首次明确提出建设一支"宏大社会工作人才队伍"，表明社会工作的发展已经列入了国家现代社会制度建设的议题之中，已经成为中国特色社会主义事业的一个重要部分。由于我国的社会环境和社会发展状况与西方发达国家有很大的差异，决定了发端于西方发达国家的社会工作，要想充分发挥

其社会功能，就必须与我国的历史、文化和社会形态相结合，必须实现本土化发展，形成具有"中国特色"的社会工作理论和方法。并且，我国的社会工作者将承担西方国家社会工作者缺乏的诸多社会责任与专业义务，发挥和承担远比西方国家社会工作者大得多、更加多样化和更加重要的社会作用和社会使命。

中国农村社会工作的发展必须以中国特色社会主义理论体系特别是科学发展观为指导。中国特色社会主义理论体系是指包括邓小平理论、"三个代表"重要思想、科学发展观以及习近平新时代中国特色社会主义思想的科学理论体系。它是继中国特色新民主主义革命和中国特色社会主义革命理论体系之后，马克思主义中国化过程中形成的又一理论体系。它是当代中国马克思主义理论体系的重要组成部分，它凝聚了一代又一代中国共产党人的智慧和心血，带领人民进行了不懈的探索和实践，是马克思主义在中国的最新理论成果。因此，农村社会工作在中国的发展应在中国特色社会主义理论体系的指导下进行。

（二）农村社会工作是和谐农村建设的重要内容

构建社会主义和谐农村，必须推进农村经济建设、政治建设、文化建设和社会建设全面发展。目前，农村经济体制和政治体制改革已逐步展开，但在社会体制改革方面仍面临许多重大挑战。我国农村社会建设的重点是如何创新社会管理体制，尽快转变政府职能，以解决农村社会问题，适应农村社会全面协调发展的需要。转变政府职能，关键是要加强社会力量的培养，使政府转移的职能由专门的社会机构承担，由专业队伍实施。社会工作是通过社会服务和社会管理，调整社会关系，完善社会制度，促进社会建设，促进社会稳定和发展。由此可见，社会工作是改变社会管理体制的重要力量，是承担农村社会建设的重要载体。因此，构建社会主义和谐农村，必须把发展农村社会工作纳入我们的视野，充分利用社会工作推动社会建设。

（三）农村社会工作的角色定位

目前，在我国农村政策执行过程中，由于许多政策的执行不是从农民自身的需要出发的，因此政策的制定和执行存在严重偏差。在实施过程中，农民与基层干部之间存在矛盾，导致了基层干部与农民之间的紧张关系，使政府出现了信任危机和合法性危机。主要原因除了制度设计上的缺陷外，政府与农户之间缺乏有效的沟通媒介也是一个重要因素。在这种情况下，农村社会工作者应该成为政府机构与公众之间协调沟通的桥梁。协调与沟通是社会工作者的重要职责。一方面，农村社会工作要做好政策宣传，促进政府政策的出台和顺利实施；另一方面，农村社会工作者与农民是合作伙伴关系，是一种平等互信的关系。农村社会工作者深入农村，有机会听取农民被忽视的声音，有机会观察各种生产和生活活动的农民，更紧密地了解农民的实际需求和各种社会政策的实施效果。社会工作通过及时反馈给政府，为政府和农民提供对话、沟通和理解的机会，从而促进政府政策的完善，为农民提供理性表达意见的平台。

第三节　农村社会治理法制化研究

一、农村社会治理法治化的基本原则

（一）坚持在党的领导下有序推进

坚持党的领导是依法治国的根本保证，农村社会治理要在党的领导下有序进行。推进农村治理法治化，要充分发挥基层党组织的先锋模范作用。与此同时，我们必须建立一个干部团队，善于发挥法治的思想和模式，深化改革，促进发展，解决矛盾和维护稳定，让基层党员干部带头学习，了解、理解和遵守法律，指导乡镇政府和村委会运用法律来为人民工作，为农民依法治理农村树立榜样。

（二）发挥政府的主导作用和管好公权力相统一

在农村社会治理过程中，要充分发挥政府的主导作用，注重多方参与治理。人民是国家的主人。当然，政府应该利用人民的力量，接受人民的监督。法治政府是指法律统治之下的政府，其运行和一切活动都受到宪法和法律的制约和规范。法治政府的建设是法治在社会治理中的必然要求，法治政府的建设是法治在乡村治理中的应有之义。

（三）坚持依法治理和法治为民相统一

情理与法理在社会治理领域中有着共同的作用。法律是道德的最低限度，法治在农村治理中必然要求依法治理，避免"人治"。依法治国对人民的内在要求是以人为本，在农村法治进程中，要多从农民的角度思考，维护广大农民的利益。我们必须坚持民主集中制的原则，制定农村法律、法规和政策，要从群众中来，同时又要坚持到群众中去。要集思广益，形成群众普遍接受的治理方案。

（四）确定性和灵活性相统一

在农村法治进程中，要建立健全村民自治规章制度，健全村级事务管理制度，确保村民有章可循，使农村步入法治轨道，这是农村法治进程中的必然要求。至于灵活性，一方面，由于每个村庄的具体情况不同，每个村子都要根据自己村的实际情况制定村规民约，制定适合自己村落的自治条例和规章，以免盲目跟风。另一方面，除了某些不能改变的原则之外，宪法和条约本身应该是灵活的，应该充分反映村民自治的意愿。

二、深化社会治理法治化建设

（一）加强立法工作，提供法律制度保障

法律制度作为一项权威性的保障制度，对巩固和促进农村社会治理体系建设成果具有重要作用。目前，农村社会治理领域的立法工作依然滞后于实际需要。一方面，主要体现在现行法律具有较强的行政色彩。农村社会治理的重点是所有社会主体平等合作，共同参与农村事务的管理。行政控制的色彩不利于充分发挥各主体参与的积极性；另一方面，主要体现在农村社会对理事会治理的相关立法存在一定的空白，在立法上也存在一定的不足。因此，有必要加强农村社会治理各领域的立法工作。一方面，要建立符合农村社会治理现状的立法机制。在立法过程中，根据农村社会治理的现状和未来经济社会发展的需要，不断完善农村社会治理的立法评估机制和民主决策机制，提高立法工作的有效性和前瞻性。要着力完善农村社会争议解决制度、社会保障制度、社会治理队伍建设制度、村民权利保障制度和社会组织权利保护等方面的立法工作。另一方面，立法工作必须结合地方农村社会治理的发展需要，针对农村社会治理中遇到的问题，制定和完善相关法律制度，促进农村社会治理有序开展。

（二）严格依法行政，推动社会治理法律实现

在农村社会治理过程中，还存在一些不守法、执法不严的现实问题。由于农村法治整体观念相对薄弱，地方政府主要依靠行政控制和静态稳定的经济手段来解决农村社会问题，这样不利于促进各种社会治理主体有序参与社会治理。因此，在推进农村社会依法治理的实施中，一方面要依法界定各社会治理主体的权利边界，通过权利边界来严格规范主体行为，通过主体资格界定和法律实施形式来框定农村社会治理的具体范围；另一方面则是要采取措施推进农村社会治理各个主体，严格遵守不同领域法律制度，推动农村社会治理法律的全面实施。

（三）维护司法公正，培育法治环境

维护农村社会治理的司法公正，是有效提升农村社会治理各领域法律权威的重要途径；营造法治环境是推进农村社会治理各领域法律实施的重要举措，依法为每个人创造良好的软环境。从维护农村社会治理的司法公正角度看，司法公正作为法律实施的重要组成部分，必须坚持为民、为义的原则，充分发挥司法公正在农村社会治理中的正确救济作用；从培育法律环境的角度来看，良好的法律环境是促进农村社会治理完善的重要软实力。总之，我们不仅要维护司法公正，建立法律权威的硬实力，也要培养法治环境和创建软实力的法治氛围，最后实现农村社会的法治和制度化管理。

（四）推动德治建设，强化法治文化支撑

在完善农村社会治理体系的过程中，既要重视正规制度安排（法律、法规等）的建设，也要重视非正规制度安排（社会伦理等）。自古以来，法治和德治就是社会治理的两个有机结构。社会的有效治理如果仅仅依靠法治，或是德治都是不行的，必须兼顾二者的作用。尤其是在农村社会治理体系创新的过程中，必须要充分发挥社会道德规范建设，强化道德对法治文化的支撑作用；强化道德规范社会行为、调节利益关系、协调社会矛盾的作用；强化道德对公民的教化作用，最终通过德治与法治间相辅相成的综合作用，推动农村社会治理体系的创新和完善。

第四节　农村社会主义核心价值观教育

一、进行农村社会主义核心价值观教育的必要性

需要是人的本性。从农民的需要来看，丰富健康的精神生活是农民的内在需要。一些人认为农民就是讲实惠、讲功利，在农村开展价值观教育不切实际。事实上，这种看法是十分片面的。管仲曾指出："凡有地牧民者，务在四时，守在仓廪。国多财则远者来，地辟举则民留处，仓廪实则知礼节，衣食足则知荣辱。"意思是说，凡是统治者应着力于季节，即关心生产的各个环节，不使劳动力浪费。国家富裕就可以吸引远方的人民来，土地开垦了就可以留住人民。物质基础有了，能够保证人民的温饱，人民就会重视礼节，知道荣辱，社会就会形成文明的风气。这大概是中国最早的关于物质文明为精神文明提供基本保障的论述。但这不等于说，物质生活水平提高了，人民的思想觉悟就自然而然地提高了。一个人温饱没有解决，肚子饿得咕咕叫，就没有心思接受任何教育。一旦富起来，就要立即进行教育，越是富起来，人的烦恼越多，越要重视教育。孟子也有类似的思想："饱食、暖衣、逸居而无教，则近于禽兽。"这是说，生活富裕了，如果不进行教育，人将失去人性，变得像禽兽那样。孟子所说的情况在我国农村很多地方已经出现，现在很多农民说，温饱问题解决了，但农村社会风气却没有相应好转，甚至出现了倒退现象，尤其是个别暴发户，有钱后就大变样，财大气粗，什么坏事都敢干。这说明，农民渴望健康文明的精神生活，需要高尚精神文化的滋养，农民对美好生活的向往包含着对美好精神生活追求的内容。他们对农村风气败坏的担忧正说明了教育的必要性。

作家韩少功在接受《瞭望东方周刊》的采访提问"现在中国农民最关切的问题是什么"时回答道："想挣钱是最普遍的民心所向。"他在《观察中国乡村的两个坐标》中说："当今读过大学的知识分子，很难再回到故土，也不大能接受

家乡，倒不是说家乡贫穷、落后、土气、青山绿水不再——这些他们大多还可以忍受；他们常常最觉得受不了的，是道德的崩坏，是世道人心和公序良俗的根基动摇。赤裸裸的金钱关系，连亲人之间也寡恩薄义，道德与文化已成为乡村建设的重要短板之一。"随着乡镇青壮年劳动力向城市转移，乡土社会的道德结构也发生变化，老人们更能感受到时代变化，老人的身体病痛、沉重的农田劳作和照顾孙辈的重大压力让本该安享晚年的乡村老人负重生活。农村的祠堂（尤其是北方的农村）基本上消失；合村并镇使大量村庄消失，农民上楼改变了传统生活方式；周围没有熟悉乡邻的身影，生活的单调和孤独让他们自身的困苦情绪很难消解，过去乡村文化中的精神支撑系统——家庭伦理秩序、邻里互助、熟人之间的信任已慢慢淡化。

曹锦清在《黄河边的中国——一个学者对乡村社会的观察与思考》中多次谈到农民物质富而精神空虚的问题："中国农民发家致富的积极性历来很高。如今的社会风气是人人只知道抓钱，尚未富裕起来的人，看到已经富裕起来的人盖楼房、摆阔气，于是心怀不满；已经小富起来的人看到大富起来的人，同样心怀不满。人们为自己谋利的积极性确实是充分调动起来了，经济比从前确实发展了一些，绝大多数农户的生活水平也有所提高，但社会秩序却混乱了，信仰没有了。"

中国五千年的文明，深深扎根于农村的村落文化中，千百年形成的人际关系中，向上向善始终是农民最基本的价值取向，无论时代发生多大变化，不论生活格局发生多大变化，流淌在农民血液中的传统文化始终没有泯灭。这正是社会主义核心价值观在农村的文化根基，也是新时代在农村进行社会主义核心价值观教育的基础。

在《农民的终结》一书的结尾，孟德拉斯深沉地发问："没有农民的世界将是一个怎样的世界呢？"熊培云认为："今天的中国还没有到讨论农民的终结的时候。但有一点是肯定的，人们更担心的不是失去农民这一职业，而是担心失去乡村；担心没有乡村，中国的现代化、城市化将行将不远。"

乡村是中国传统文化的重要载体，完全可以说，乡村也就是中国人的乡愁。我们不仅不能让乡村在推土机的轰鸣中消失，而且要振兴乡村，发展乡村，繁荣乡村，这就是中国特色社会主义的农村现代化道路。在这条道路上，农民希望在物质富裕的同时有更多的精神获得感，这就是农民需要社会主义核心价值观教育的理由。

二、农村社会主义核心价值观教育的特殊性

农村社会主义核心价值观教育是重建乡土社会秩序、实现治理有效的基本前提。我国地域辽阔，不同地区的经济、文化、社会等方面发展水平的差异化状况始终存在，改革开放多年来的发展也没有使这一状况得到根本性改变。

　　经济发展的不平衡是当前社会主要矛盾的主要方面，结合乡村区域差异划分，我国农村的经济发展也存在较大不平衡。经济基础决定上层建筑，农村社会主义核心价值观教育必须紧紧围绕"农民对美好生活的向往"这个主题，对农民进行价值观的教育引导。农村经济发展的水平直接反映农民现实生活需要的满足程度和价值观的基本方向。对农民进行社会主义核心价值观教育需要结合农村经济发展实际水平，为农民提供满足其发展需要的价值观引导。

　　根据内蒙古赤峰市八家村精神文明建设经验可以看到，在没有开展价值观教育之前，农民富起来以后并没有走上幸福之路，钱包鼓起来了，住上楼房了，反而矛盾更多了，亲情更乱了，治安更乱了。这是当前很多富起来的中国农村面临的共同问题，对这些富裕起来的农民进行价值观教育就需要引导其重建道德秩序。纵观不同地域的农村，因发展程度的差异，农民所面临的问题也有着较大的差异。在广大贫困落后、偏远的农村，农民面临的问题更主要的是经济上的问题，摆脱贫困是关键，针对这类农民进行价值观教育就需要以社会主义核心价值观提高农民摆脱贫困的信念与信心，唤起发展生产的"志"与"智"，积极投身发展生产，学习新技能本领，寻找新的增收致富机会。针对发展程度的差异，对农民的社会主义核心价值观教育也需要紧紧围绕农民生活中的具体问题，立足于解决实际问题而提供精神和价值观指引。

　　农村社会主义核心价值观教育的对象是定居在农村的亿万农民，农民自身的特性决定着社会主义核心价值观教育的方法、路径、载体、话语体系等要素。与城市、机关、学校等单位相比，农民有如下特点：

　　第一，生产生活方式单一。生活在乡村务农的农民，延续着千百年来的农耕生产方式。随着农业机械化的发展，农耕需要投入的时间和精力越来越少，每年农忙时间一般 2 ~ 3 个月，其余时间为农闲。如何让闲暇时间变得有意义成为巨大的问题。农民有了越来越多的闲暇时间，闲暇的时光如何度过往往更能呈现出农民的精神状况。农村因缺少健康的休闲文化生活方式，故而呈现出种种病态。譬如，很多农村流行打麻将赌博、过度诉诸感官刺激、封建迷信活动抬头等。由此带来的种种身心问题严重影响农民的自身发展和生活质量。

　　第二，组织松散化。农村是国家治理体系的末端，自 2006 年国家取消延续一千多年的农业税以来，国家与农民的关系发生巨变，农民生产生活方式仍以小农经营为主，依靠土地可以实现自给自足，国家的行政组织力量在基层乡村一步步弱化。免除了农业税，乡村组织因断了大部分的收入无法正常运转，乡村体制开始改革，结果是合村并组、精简机构、取消村民小组长、减少乡村干部，国家的行政力量一步步撤出乡村，干群矛盾得以缓和，农村的基层治理制度发生巨变，农民的生活向自由松散的方向发展，这一巨变导致村庄组织结构日益松散化。在市场经济的影响下，农村的精英转移到城市，农村的人、财、物资源优势流出农村，留在农村的农民组织意识和集体意识更加淡漠。

第三，文化程度低。近年来，农村务农的农民年龄平均在45岁以上，文化程度普遍不高，其中小农经营的农民文化程度一般是小学水平，经营合作社或家庭农场的农民文化程度多为初中或者高中水平。改革开放以来，农村但凡读过高中或高中以上文化程度的农民大多跳出了"农门"，考上大学的农家子弟多在城市立足，没有考上大学的也到城市打工寻找发展机会。留在家乡务农的农民大多数是没有读过太多书，且没有专业技能的人。

第四，传统观念强。农村是中国传统文化的活化石，在广大农村地区，传统文化保存相对完好，不同村庄都有独特的文化传统和习俗习惯，从而维系了村庄的社会结构。中华优秀传统文化是农耕文明的产物，重德孝、尚和合、天人合一、道法自然、大同社会等的价值观念均是农耕文化所蕴含的优秀思想。农民长期生活在传统思想居于主导地位的农村社会，传统的家庭观念根深蒂固，思想保守、创新意识不足。虽然近年来改革开放和市场经济对农村产生了较大的影响，农民的思想观念呈现多元多样多变的态势，但农民的社会关系仍以家庭、姻亲、宗族关系为主，夹杂着各种朋友圈的人际关系格局，农村日渐成为一个半熟人半理性化的社会。

在农村社会主义核心价值观教育的过程中，要遵循习近平同志所提倡的区分层次、突出重点，在全社会广泛开展社会主义核心价值观宣传教育的思想，注重区分城乡居民文化差异的具体层面，抓住农村文化结构的特点，突出当地的经济、人文、传统、习俗等特点，充分利用地域文化资源、彰显地方和民族特色，把握农民的文化心理，让社会主义核心价值观教育与乡村的经济、政治、文化、传统等交融互补，创新农村社会主义核心价值观的宣传、教育、实践方式，以实现社会主义核心价值观教育与当地乡村的深度融合。对农民进行社会主义核心价值观教育需要立足农村发展现实，围绕农民的特点，充分发挥社会主义核心价值观的导向功能，深耕乡村文化土壤，培育思想进步、科学务农的新农民，开发村庄的价值生产能力，加强基层组织建设，让乡村焕发新时代的生机与活力，成为农民安居乐业的幸福家园。

三、农村社会主义核心价值观教育取得的成就

党的十八大以来，社会主义核心价值观教育在包括农村在内的整个社会全面铺开，取得了巨大历史性成就。在农村地区，社会主义核心价值观教育取得的成就主要有以下几个方面：

第一，从范围来看，社会主义核心价值观教育深入到广大农村，24个字上墙体、上报栏，进学校、进社区、进机关，几乎随处可见，民间组织的力量被广泛动员起来。譬如，中国炎黄文化研究会中南协作区，每年都召开学术年会，将社会主义核心

价值观作为研讨会的主题，会前组织专家撰写论文，会后组织出版论文集。河南省孔子学会、儒学文化促进会、国学会、家庭文化与伦理道德促进会、孝文化促进会等社团组织，每年都组织学术研讨会，研究社会主义核心价值观的传统文化基础。这些学会大都成立宣讲团或讲师团，深入农村社区，宣讲中华优秀传统文化，举办倡导"中华母亲节"等活动，出版《中州儒学文化》《中原儒学》《儒学与文明》《家文化》等刊物，营造了宣传社会主义核心价值观的浓厚氛围。

第二，从深度来看，很多地方能够结合自己的实际，开展社会主义核心价值观教育实践活动。譬如某省某市开展的全民"修身、行善、明礼、守法"实践教育活动，县委制定了详细的长远规划，每年都进行部署、总结、评比，改变了农村的面貌，涌现了一大批好人好事。某省某县某村"核心价值观，百姓好活法"流动宣讲演出队，从2017年12月起前往全县各乡镇农村进行文艺汇报演出，宣传农民践行核心价值观的事迹。某市开展的"好人现象"教育实践活动，已经成为当地的一个品牌，形成连锁效应，大量好人不断涌现，群众用身边的好人好事教育身边的人。当地群众自发成立道德公益义务实践队，助人为乐，救危扶困，送温暖，做好事，传递正能量，受到群众称赞。

第三，教育从载体来看，很多农村能够创新教育载体，譬如举办道德讲堂、洗脚节（为父母、老人洗脚）、老人宴（将65岁以上老人定期组织起来，集中起来吃饺子，集体过生日。某村每月农历初一、十五，为全村65岁以上的老人举办"饺子宴"）等适合农村特点的教育实践方式。

第四，从实践养成方面看，很多农村把核心价值观中"爱国、敬业、诚信、友善"的理念融入日常劳作和生活，通过点滴实践养成、培育文明自觉的新时代农民。某村设立习书堂、农民红色课堂等，提升社区居民的道德文化修养。某村的"晒被子、亮孝心"、某镇的"孝道大餐"等道德实践活动，促进了乡风文明。某社区绘制3万平方米的文化墙，建设社会核心价值观的宣传走廊，利用各种文艺表演、民间演出等形式，推动群众自觉践行。某社区开展"日间照料""邻里守望"等志愿服务，提升了居民道德素养。在农村开展好家风家训活动的基础上，很多农村也广泛开展了"涵养好家风、助长道德心"等此类活动，例如评选"敬老爱亲好儿女""好媳妇""十佳母亲""最美家庭"等家庭典型楷模，以道德力量引领好家风。

第五节　农民思想政治素养的提升

一、发挥农村基层党组织在农民思想政治素养提升的主导作用

农民思想政治工作活动是一项有组织、有目的实践活动，组织领导的先进性、优越性、务实性是农村思想政治工作活动在新时代背景下得以顺利开展的前提保

证。要保证新时代农民思想政治素养的不断进步，在结合理论知识的同时，也要不断提高基层领导组织的领导水平，从党性教育、政策教育、政治教育等多角度去衡量基层领导组织的领导能力，不断加强农民思想政治素质。

（一）强化农村基层党组织思想建设

新时代农村基层党组织是乡村振兴战略的基层领导者和执行者。强化农村基层党组织思想建设，在发挥党的思想保障的同时，更是农民群众认可基层领导班子，使党的方针政策能够充分在群众中贯彻的关键。在此基础上，农村的基层党组织也能够更加有效地开展农村思想政治教育工作，为新时代农民思想政治素养的提升工作保驾护航。各级党组织必须加强领导，尤其是要增强群众获得感，使其适应现发展阶段，为实施乡村振兴战略提供坚强的政治保证。在此过程中，农村基层党组织的思想建设尤为重要。发展农村基层党组织的思想建设需要提高基层干部的整体素质，规范党员干部的管理，以基层的优化去促进顶层设计的发展。

第一，提高基层干部的执行能力是加强基层党组织建设的基本要求。无论是从农民致富的角度，还是推进农民思想政治教育工作开展的角度，基层干部的执行能力都是先决条件，其体现在监管党员、引导党员发挥模范作用、发挥好对群众的组织、宣传和服务工作等方面。提高基层干部的执行能力，要求多组织农村基层党组织领导进行学习与党建的课题开发，增加多村之间党组织领导的交流与沟通，树立榜样领导，锻炼其执行能力。

第二，村委党支部书记是党支部委员会的核心，同时又是与农民最直接接触、最为熟悉的领导，他们对农民的思想动态变化以及各方面的不足、需求都具有最为直观和清晰的了解。无论是聚焦农民的物质生活，还是农民的思想政治素养，村书记往往最具有发言权和执行能力。只有书记强了，支部才会强，一个好的党支部书记能够带领一个村庄健康发展，惠及一方农民，带动农民的思想政治素养整体水平的提升。

（二）提高农村基层党组织的服务群众的能力

第一，提高基层工作人员思想政治工作水平和能力。基层工作人员水平决定服务质量。农村基层党组织的服务功能，重点落在"服务"二字之上，这对于农村基层党委的工作人员和工作理念提出了较高的要求。建设高素质专业化的干部队伍是十九大提出的重要课题。中国共产党之所以在漫长的历史进程中始终保持先进性，就在于对优秀党员的吸收和培养。在提高农村基层党组织服务功能的过程中，要将那些政治素养高、工作能力强的人吸收到农村基层党组织队伍中去。通过组织部门改进作风，坚持公正公平，让优秀的干部得到重用，使其一心一意为了农村发展献计献策。同时培育和选拔优秀青年人才。在人才的筛选和评估过程中，要对以往的政绩考核方式作出改进，注重专业能力的评价以及在农民心目中的好感度，打破行业、职业、地域、身份、年龄的限制，利用好考核方法，选用具有出色工作本领的人，同时对党员干部的培训也要避免拘泥于党校、干部学院等党员培训机构，要利用一切可以利用的资源加大对党员干部的培训，扩大农村基层党组织的人才队伍，实现专业化、制度化、人才化的统一，从根本上提高服务质量。

第二，改进基层组织工作方式。在基层党委的工作方式方法上，要实现进一步的革新。先进的工作方法是凝聚民心的法宝，是真正发挥农村基层党委的服务功能的关键。在日常工作之中，要将意识形态的工作与和当地的现实工作结合起来，一方面提高党委班子的整体水平，另一方面解决现实问题。在新时代背景下，农村的党委服务工作依然要求工作人员深入了解民情，发扬不怕苦不怕累的工作作风。通过结合时代特点，广泛利用新媒体与自媒体，打造乡村的公众号、媒体新闻等手段措施，提高农民接受思想政治教育，培育党委服务工作的积极性，让农民实现现代化，跟上时代的发展，借助多方位的平台对农民进行正确的引导。

第三，建立客观完善的基层党组织和工作人员考核制度。在提高农村基层党组织服务功能和加强基层组织建设的过程中，不仅要从农村工作的角度出发，还要从工作人员的自身状况出发，使能者有用武之地，劳者有合理回报，以此提高其工作积极性和事业心。村级的考核可以采用群众评议、乡镇部门评价、分管领导、包村领导等方式进行，对先进村和先进个人进行合理奖励，调动起党员干部的干事创业劲头，同时让普通群众感受到党委、政府及社会的温暖，为广大的基层建立一个价值观的正确引导，为乡村振兴战略和提高新时代农民的思想政治素养夯实基础。

（三）加强农村基层党组织宣传工作

农村基层党组织宣传工作的加强重点在于强化社会主义核心价值观的宣传。在社会主义核心价值观的宣传过程中要注意创新宣传载体，拓宽宣传途径，如使用文化载体进行宣传，鼓励创作基层宣传文化长廊以及建设主题景点，让农民看到不一样的宣传，引起其内心的共鸣，赢得认同。农村基层党组织要进一步开发宣传工作中的教育功能。教育比起宣传要更加深刻，宣传比教育要更加广泛，将宣传和教育有机结合起来会使宣传更有实效性，如利用网络作为载体，开发互联网宣传。

二、提升农民思想政治教育工作队伍整体工作能力

农村思想政治教育工作队伍是提升农民思想政治素养的主要力量。要充分发挥新乡贤在农民思想政治素养提升中的重要作用，进一步完善与优化农村基层思想政治教育队伍。完善农村基层思想政治教育队伍需从"健全农村思想政治教育

的人才选拔制度"和"完善农村思想政治教育工作制度"两方面进行多方位、多角度的分析研究。

（一）充分发挥新乡贤在农民思想政治教育工作中的作用

乡村振兴，关键在于人才的振兴，统筹利用全社会可利用的人才力量，对于农业的全面升级、农民的全面发展都有其极为重要的意义。在农村工作和乡村自我治理过程中，新乡贤以及农村优秀青年是一股极为重要的力量。在推进乡村振兴战略的进程中，要结合新时代的发展特点，最大限度地调动起新乡贤和农村优秀青年的参与热情，充分发挥其作用，促进农村的发展、农民思想政治素养的提升。

第一，加强新乡贤自身建设，协调农村思想政治教育工作发展。新乡贤参与治理由来已久，有其历史传统为依据。新乡贤参与乡村治理旨在实现我国乡村自治的现代化，促进农村发展，为乡村振兴计划注入社会力量。新乡贤自身的素质直接关系到这一治理目标的实现，因此新乡贤需要结合时代的发展，与时俱进，提高自我的修养，掌握新本领，加强自我建设。新乡贤尤其要以社会主义核心价值观为标准，提升自我沟通能力，作为农民群众与基层干部之间的桥梁，使农民群众与基层干部之间有一个良好的关系，促进农村思想政治教育有序发展。

新乡贤作为一种榜样的力量，以润物细无声的方式逐渐地渗透到农民的生活当中，对农民生活产生积极影响。因此，新乡贤的先进思想政治素养的培育将引领农民思想政治素养的提升。此外，在引进新乡贤治理农村的基础上，还要进一步完善相关的治理制度，一方面保障新乡贤的合法地位，另一方面对新乡贤的治理行为进行规范，合理解决潜在的矛盾与风险。促进新乡贤自身的建设，是为了规范其治理行为，使其行为法律化，树立其大局观，避免"人治大于法治"的现象，使乡贤治理、乡村自治、基层领导治理三者有机地结合在一起，促进农村和谐有序地发展，提升农民的思想政治素养。

第二，加强新乡贤文化建设，在村民中树立新乡贤的威望。新乡贤文化作为一种先进文化，其内在包含着中国特色社会主义文化属性。要以社会主义核心价值观为基础，对新乡贤文化进行改革与创新、弘扬与发展，使其真正成为治理乡村的文化力量。新乡贤是靠其内在德行来发挥作用的，新乡贤文化是促进新时代农民认同的文化力量。农民内在会吸取文化力量，外在会以这种文化的标准来要求自己的言行，树立法治、德治意识，加强自我的政治认同和政治参与，自发地参与到乡村治理当中去。新乡贤文化在促进农村经济发展的同时，还搭建了一条农民与基层干部之间有效沟通的和谐路径，使得农村思想政治教育环境更加优化，丰富了农村的思想政治教育方式，让农民更加主动地去接受教育。

通过对新乡贤文化的完善和弘扬，农村可以吸引更多的新乡贤返乡参与乡村治理，为乡村振兴战略的实施贡献才智、经济、技术、理念等多方面的支持，进一步推动农村的思想政治教育工作。农民对新乡贤有着充分的信任，在此基础上培育农民的思想政治素养会起到事半功倍的效果。随着新乡贤这一群体内在体制的优化和自我治理的完善，农民对其的认同程度会越来越高，届时榜样的力量得到充分的发挥，农民思想政治素养会取得极大的进步。

（二）优化农民思想政治教育方式方法

农民思想政治教育是一门学科，是科学的方法论，是我党组织和发展农民阶级的法宝。它有其自身独立的特点和规律，要优化农民思想政治教育的方式方法，需从其自身的特点和规律出发探讨。严格的科学性、鲜明的阶级性和党性、广泛的群众性、实践性以及综合性等特性，是农民思想政治教育的突出特性，需牢牢把握其特点，结合新时代的发展要求，实现农民思想政治教育方式方法的优化。

第一，遵循实事求是原则，从实践出发。农民思想政治教育工作的对象是农民，农民这一阶级有其独特的特点和发展特征，要将农民的思想政治教育工作落到实处，需深入农民群体内部研究其思想的内在规律，一切从实际出发，实事求是，在农民的日常生活中进行实践与调查。我国幅员辽阔，每一地区的农民都有其独立的特点，针对农民的思想政治教育工作也不能采用千篇一律的方式方法，如何创新和研究具有针对性和地方性的工作方法，必须在深入调查和研究之后得出答案，各地区的农民思想政治教育方式方法要立足于当地的农村、农民客观状态，真正地探索创新点和工作切入点。

第二，遵循追求时效性原则，使农民思想政治教育工作具有针对性。追求时效性是农民思想政治教育方式方法优化实践过程的出发点和落脚点，它要求农民思想政治教育工作者在思想政治教育工作的过程中，力求以最少的时间与精力，取得最好的教育成果，使每一个工作者的能力都得到充分应用。追求时效性是农民思想政治教育工作能够贴合农民思想政治素养发展需要的基础。与此同时，工作还应具有针对性，对农民这一庞大群体中不同个体的思想诉求、利益诉求进行分析和整理，对层次各异的农民思想政治素养进行总结与归纳，时刻关注农民思想政治素养的发展状况，有针对性地运用思想政治教育方法与手段以及不同教育载体。只有这样才能真正达到追求时效性的目的，能真正做到有的放矢、对症下药，切实优化农民思想政治教育的方法。

第三，遵循"以农民为本"的原则，注重民主性与平等性。"以人为本"是科学发展观的核心内容，是党内一切工作的出发点。农民的思想政治教育工作是以人为主客体的工作。新时代下的农村在经济、科学、制度等方面已经取得了很大的进步，农民的思想也在不断发生变化，大多农民群众对于以往居高临下的单方向说教式的思想政治教育工作易于产生反感情绪。故而在今后的农民思想政治教育工作中，工作者需保证农民的民主性与平等性，要尊重农民，理解农民，知其所想，懂其所需。同时还要结合农民这一阶级的特殊性，保证工作者与农民之间的平等交流，从农民的真实情感出发，倾听农民的心声，才能发现农民思想政治教育工作方式方法创新与优化的突破口。只有贯彻"以农民为本"的原则，深入农民群体内部中去，才能掌握其思想以及情感的真实动向，切实发展农民思想政治教育工作。

（三）加强农民思想政治教育人才队伍的建设

第一，培养农村思想政治教育人才。提升农民思想政治素养，培育优秀的农村思想政治教育人才是前提。新时代，农民所处时代环境的变化和其思想以及思维方式上的变革，都要求农村思想政治教育工作者贴合新时代特点。在人才选拔上，以专业的思想政治教育知识为标准，优先选择思想政治专业人才。同时，国家和政府还要加大力度鼓励大学毕业生要有深入基层、建设农村的勇气，推动农村基层组织参与高校及社会的自主招聘。在人才选拔的过程中，尤其要保证公平公正、竞争择优的原则，使那些怀有思想政治教育专业知识的人才能够有发挥的空间，要避免以往的滥竽充数等现象。要重视岗位人才选聘，真正选拔出符合新时代要求的农村思想政治教育工作者。在选拔之后的培训工作中，还要针对每个思想政治教育工作个人的具体状况，结合现有的岗位特点，将其安排到最合理的位置上，保证其能够充分发挥特长与专业，做到思想政治教育工作每一项具体任务有的放矢，在人员配置上也要合理化、科学化。在不同岗位上，要选聘擅长不同本领的人才。招聘人员的年龄也要合理，既不能一味采用有经验的年长的人，也不能单一选用刚踏入社会的年轻人，老中青人员要达到 2 ∶ 5 ∶ 3 的最佳比例。

第二，重视对思政工作者的培训。农民的思想政治教育工作要求对思想政治教育工作者进行相关培训。在这一过程中，首先，要保证培训内容的先进性与科学性。培训内容要从受培训的思想政治教育工作者自身水平出发，以培育其政治素养、思想水平、工作能力、思想政治教育理论知识为主要内容，切实达到提高农村思想政治教育工作者整体水平的目的。其次，要灵活使用培训方法，对农村基层的思想政治教育工作者进行分类，每个工作者的欠缺方面都是不一样的，要保证培训活动的针对性。最后，要严格制定时间计划，每次培训保证每个思想政治教育工作者至少达到 5 个课时以上的培训时间，要求每个受培训者进行自我反思与总结，并对总结结果进行验收，对培训活动的效率进行检验，使这些培训活动发挥其应有的作用。

（四）完善农村思想政治教育工作内在体制

农村思想政治教育工作需要科学的方法论和社会主义核心价值观的引导，才能将农村的思想政治教育工作落到实处，切实提升新时代农民的思想政治素养。当前农村的思想政治教育队伍正在日趋完善，但在其工作制度方面还需要进一步的完善，使其更加符合未来社会主义和谐社会的发展需要。在基层的思想政治教育工作制度完善过程中，需从日常工作制度以及基层思想政治教育工作体系两方面入手，具体体现在领导责任制、岗位独立制、农村思想政治教育工作制奖惩评测制等几个方面。

首先，完善农民思想政治工作领导责任制。在基层工作中，优秀的基层领导对于基层工作的开展十分重要。在农村诸多党政工作中，思想政治教育工作的领导作用也尤为重要。在干部任用方面，应选用思想政治教育专业的、有工作经验的领导，这对农村整体的思想政治教育工作起到科学引领和全方位指导的作用。另外，要建立领导的责任制，各级党组织都有自己需要承担的责任和需要达成的目标。通过责任的承担来调动领导班子的积极性，更通过对领导是否能担起重任来评估其工作能力。上级领导要承担对下级的指导和培训责任，下级也要承担对上级的监督和工作反馈责任。

其次，完善农民思想政治工作岗位责任制。之所以要完善基层思想政治教育工作岗位责任制的原因在于，要合理规划和利用农村资源，使思想政治教育工作落到实处，杜绝无作为岗位和盲目工作的现象。岗位独立制要求每一岗位要有其专注的工作任务，在具体岗位上任用专业的工作者，聚焦于该岗位所确定的具体工作，发挥其能力最大化。在各岗位保持其独立性的基础上，还要相互扶持和学习。每一岗位都是农村思想政治教育工作中的一环，只有确保其独立性和功能性，才会使新时代农民的思想政治教育工作稳步进行。

最后，完善农民思想政治工作奖惩评测制。农村的思想政治教育工作促进我国的社会稳定，于农村思想政治教育工作者而言是一项光荣且具有深远意义的使命。在提升新时代农民思想政治素养水平的工作进程中，要重视教育工作者获得精神满足感，更要注重对思想政治教育工作采取物质奖励的手段来激发其工作积极性。而对工作和生活中存在问题的工作人员还要进行处分、处罚等客观惩罚手段，对那些害群之马和不作为的工作者进行清除，使农村的思想政治教育环境进一步优化。由此，要设计科学合理的奖惩制度，根据不同的激励客体的差异性特质，进行物质与精神的多方位奖励。以每个工作人员的工作状态和工作效果为标准对其进行奖惩评估。奖惩制度一旦建立，各级党委要严格遵守，使奖惩制度真正成为为农村思想政治教育工作服务的制度，严禁任何人借权利之便，滥用此制度来满足个人的利益需要，这个制度要公开透明面向群众，起到多方位监督和考察的作用。

三、优化农村文化建设

在与部分农民群体的访谈中得知，他们平时的公共文化内容大多偏向娱乐性，如看电视、玩麻将、打牌等。针对当前农村公共文化内容庸俗化的特点，要进一步加强农村公共文化设施建设、重视传统文化资源和繁荣发展农村文化、提升互联网公共文化的认识和合理利用。通过加强这三方面的内容，为农村提供高层次的社会公共文化基础环境，提升农民群体的精神追求和精神生活质量，引导农民思想政治素养由低级到高级发展。

第一，加强农村公共文化设施建设。社会文化是经济基础的反映，加强农村公共文化设施建设，要遵循经济与公共文化的互动关系。经济与文化的协调不仅体现在"配全"，更体现在"配好"。加大对公共文化基础设施的投入，打造农村公共文化阵地，是丰富农村公共文化内容的现实基础。加强农村公共文化设施，为农民营造良好的精神生活环境有着时效性和紧迫性。农村公共文化基础设施的完善，是农民接触先进文化的载体，将推动农村基层文化建设。基层政府和组织在实践过程中，若吝啬于对文化基础设施的投入，老旧破残的基础设施将无法满足当代农民的文化诉求。农村文明程度往往首先体现在外在条件上，如农村所配置的图书馆、文化站、少年宫、博物馆、体育场、纪念馆、剧院、妇女儿童活动中心、综合性文化服务中心等基础设施。

第二，重视传统文化资源，繁荣发展农村文化。乡村是当地特有的公共文化空间，其历史记忆、建筑风貌和传统习俗等使农民产生特有的共同体意识。这一公共文化资源的转化和引导，需要以政府为主导，在完善基础设施的基础上，加强宣传教育。重视传统文化资源，繁荣发展农村文化，一方面要挖掘农村深刻的历史文化，通过设置村史馆、家风家训馆等渠道，加强农村品牌的建立，打造历史文化名村、革命遗址村落等具有当地特色的文化资源。如少数民族村落可加强挖掘"人与自然和谐相处"的传统人文观念，革命遗址村落可打造"红色路线"品牌。如广西百色的田东县，利用革命遗址和行进路线，设立"邓小平在田东县真良旧居""阳东县新时代讲习所"等渠道，打造了红色革命村的品牌，利用传统文化资源，加强农村社会公共文化内容的建设。另一方面可以通过设立民俗文化事务管理会，利用申请非物质文化遗产等有效形式，保存民俗形式，增强农民对当地民俗和传统文化的认同。如端午节舞龙、春节舞狮、民间音乐、民间舞蹈、传统手工艺等都是极具当地特色的公共文化内容。其中，当前大部分农村现存的寺庙、祠堂，深刻反映了当地农民的民俗风情。政府应加大惠民工程的投入，使农村公共文化资源转化为产业优势，增强农村文化底蕴，为传统民俗文化提供栖息地。

第三，提升农民对互联网的认识，合理利用互联网公共文化。互联网是当代农村社会公共文化内容的重要环节之一。在互联网高速发展的时代，必须重视互联网对农村公共文化服务的影响，打造"互联网＋"的农村公共文化，实现农村公共文化的供给侧改革。把互联网作为农村社会公共文化的内容进行开发和利用，是新时代农民认识世界和拓宽视野的需要。互联网公共文化较于传统公共文化更为多元，其方便快速的特点是农民易于接受的重要因素。互联网与农村公共文化融合，是在完善公共文化基础设施和繁荣发展农村传统文化的基础上的创新。共建共享理念依托"互联网＋"这一机制，为传统的农村公共文化提供了新内容和新思路。当然，互联网与农村公共文化的融合，对于农民思想政治素养的提升犹如双刃剑。互联网增加了农民认识外界的途径，使农民获取知识和了解社会新动态更加便捷，但虚假信息、低俗的互联网文化和不实言论等网络形态对农民思想政治素养的提升产生了消极影响。因此，必须提升农民对互联网的认识，合理利用互联网公共文化，才能满足农民精神生活质量提升的需求。

参考文献

[1] 钟涨宝. 农村社会工作 [M]. 上海：复旦大学出版社，2010.

[2] 史铁尔. 农村社会工作 [M]. 北京：中国劳动社会保障出版社，2007.

[3] 古学斌. 农村社会工作理论与实践 [M]. 北京：社会科学文献出版社，2018.

[4] 李迎生. 中国特色社会工作体系建设初探 [J]. 人文杂志，2019（09）：35-42.

[5] 李惠娟. 社会工作介入城郊融合型乡村服务的行动研究——以广州市 H 社工机构开展农村服务实践为例 [J]. 中国社会工作，2019（28）：30-31.

[6] 杨宇航. 社会工作介入文化扶贫的困境与突破路径 [J]. 智库时代，2019（36）：1-2.

[7] 乐博. 农村留守老人的社会工作介入路径探究 [J]. 农村实用技术，2019（10）：13.

[8] 袁小平. 农村社会工作对乡村振兴的因应研究 [J]. 甘肃社会科学，2019（04）：147-153.

[9] 张建. 农村社会工作追梦人 [J]. 当代江西，2019（02）：49.

[10] 易思雯，刘晓玉，郭晓蓓. 社会工作介入农村精准扶贫的必要与可能 [J]. 经济研究导刊，2019（16）：29＋35.

[11] 胡远飞. 民族地区农村敬老院社会工作服务项目实践研究——以贵州省某"三区"计划项目为例 [J]. 劳动保障世界，2019（11）：58-59.

[12] 倪伟. 社会工作介入地方精准扶贫探索 [J]. 教育现代化，2019，6（20）：149-150.

[13] 陈志军，李建红. 农村社会工作中实践权的构建和维护 [J]. 邢台学院学报，2019，34（01）：81-84.

[14] 吕意童. 农村留守老人养老服务资源整合研究 [J]. 经济研究导刊，2019（06）：35-37.

[15] 薛亚萍. 关于加强农村党建工作的思考 [J]. 决策探索（下），2019（01）：40.

[16] 任嘉威. 农村留守儿童家庭教育缺失的社会工作介入研究 [J]. 青少年研究与实践，2019，34（01）：37-42.

[17] 本刊编辑部，李海雁，闫薇. 乡村振兴战略为农村社会工作吹响"集结号"[J]. 中国社会工作，2019（01）：11.

[18] 孙晓珍. 社会工作赋权理论视角下的农村女性素质提升 [J]. 农村经济与科技，2018，29（23）：230-231.

[19]颜小钗. 社会工作参与乡村振兴的路径支持 [J]. 中国社会工作，2018（28）：12-13.

[20]杨浩军. 万江红：农村社会工作的"补天者"[J]. 中国社会工作，2018（27）：62-63.

[21]李文祥，田野. 社会工作介入贫困群体的可行能力建设研究 [J]. 社会科学，2018（12）：81-89.

[22]戴艳霞. 试论社会工作参与乡村社会治理的路径 [J]. 法制博览，2018（33）：287＋286.

[23]石震. 社会工作介入乡村治理的路径研究 [J]. 学理论，2018（11）：98-100.

[24]王中胜. 应对农村社会保障工作困境的几点措施 [J]. 金融经济，2018（20）：158-159.

[25]周晶晶，朱力. 精准扶贫视野下的农村社会治理研究 [J]. 云南民族大学学报（哲学社会科学版），2018，35（05）：98-105.

[26]吴谦. 发展性社会工作理论及实践研究综述 [J]. 劳动保障世界，2018（24）：37.

[27]李建霞. 反贫困社会工作的优势思考与反思 [J]. 劳动保障世界，2018（23）：52-53.

[28]彭秀良. 杨开道与农村社会工作 [J]. 中国社会工作，2018（19）：60-61.

[29]唐国平. 发展农村社会工作 助力精准扶贫 [J]. 大社会，2018（04）：14-15.

[30]向荣. 社会工作如何助力脱贫攻坚 [J]. 中国社会工作，2018（10）：22.

[31]许静. 农村社会工作介入精准扶贫的路径探讨 [J]. 新西部，2018（02）：15-16.

[32]王发奎. 会泽县农村社会保障工作对策 [J]. 农技服务，2017，34（23）：170.

[33]王新娟. 做好农村社会稳定工作的思考 [J]. 农家参谋，2017（15）：19.

[34]侯日云. 社会工作视角下的社区网格化管理 [J]. 前沿，2017（07）：83-88.

[35]杜芸. 农村社会工作服务的困境 [J]. 纳税，2017（14）：181.

[36]马秀玲，张驰，陈淑苗. 社会工作者工作满意度评估模型研究 [J]. 湖南农业大学学报（社会科学版），2017，18（02）：70-75.

[37]代文慧. 农村社会主义核心价值观教育研究 [D]. 郑州大学硕士学位论文，2019.

[38]黄怡. 宝兴县转型期农村社会治理体系构建路径研究 [D]. 四川农业大学硕士学位论文，2016.